Schlüter architectus.

Werkverzeichnis in Zeichnungen.

Lektorat & Bildbearbeitung: Claudia Zachariae und Maria Schlosser
(Architekturmuseum der Technischen Universität Berlin)

Bibliografische Information Der Deutschen Bibliothek
Die Deutsche Bibliothek verzeichnet diese Publikation in der
Deutschen Nationalbibliografie; detaillierte bibliografische
Daten sind im Internet über http://dnb.ddb.de abrufbar.

Holtenauer Str. 141, D-24118 Kiel
info@verlag-ludwig.de
www.verlag-ludwig.de

ISBN 978-3-86935-227-5

Me 10.2020
€ 8,-

Goerd Peschken

Andreas Schlüter architectus
Werkverzeichnis in Zeichnungen

Beiträge von
Guido Hinterkeuser und York Stuhlemmer

Modellfotografien von
Andrew Alberts

Ludwig

Zum Geleit

Dieses Buch hat etwas Intimes, etwas Unfertiges, etwas Provisorisches. Und gerade deswegen ist es so wichtig. Goerd Peschken ist Zeit seines Lebens ein Mann auf der Suche gewesen. Er meint nie fertig zu sein. Er ist Wissenschaftler, ein bedeutender Architekturhistoriker, Hochschullehrer, hoch angesehen und dennoch selten mit sich zufrieden. Bis in das hohe Alter ist er ein Forscher geblieben, stellte seine Ergebnisse und die anderer immer wieder in Frage, wollte mehr wissen und gelangte häufig zu Erkenntnissen, die für manchen unbequem waren, der sich zuvor schon sicher in seinem Ergebnis war.

Goerd Peschken war für mich der Analytiker Andreas Schlüters, des deutschen Michelangelo, weil dieser wie sein italienisches Vorbild ein genialer Bildhauer *und* ein hervorragender Architekt war. Eine einmalige Persönlichkeit, die kein schriftliches Werk, keine theoretische Werkschau oder architektonischen Traktat hinterlassen hat. Schlüter verzehrte sich an seinem Schaffensdrang, er musste gestalten und nicht theoretisieren. Peschken gibt ihm eine architektonische Stimme. Andreas Schlüter schuf das Berliner Schloss, dessen Architektur als Gesamtskulptur empfunden wurde, als ein Gesamtkunstwerk wie es kein zweites in Deutschland gab. Geist und Materie waren aus einer Hand, aus einer Inspiration.

Das Schloss, 1716 vollendet, wurde 1950 durch politische Willkür vernichtet, es musste für Verfehlungen des 20. Jahrhunderts einstehen. Es ist Goerd Peschkens Verdienst, dass er nach dessen Sprengung in den 60er Jahren dessen sich verlierende Spuren aufsuchte. Er fand Architekturfragmente und nahm sie mit sicherer Hand auf Skizzenbögen auf, vermaß sie und schuf so eine einzigartige Dokumentation des Schlosses. Jetzt, am Ende seiner Studien, setzte er sich noch einmal mit der wichtigsten Raumschöpfung Andreas Schlüters auseinader, der Gigantentreppe am Schlüterhof des Berliner Schlosses. Damit krönte er sein Werk.

Seine großen Publikationen zum Schloss, die er als Mitglied der Schlossmonographie im Auftrage der Deutschen Forschungsgemeinschaft schuf, waren von dieser als Nekrolog des Berliner Schlosses vorgesehen, nur als Produktion für die Archive. Und doch wurden sie zum Nukleus der Wiederaufbaudebatte des Schlosses, der er immer wieder durchaus skeptisch gegenüberstand. Peschken nahm dieser die pure Emotion und gab ihr eine wissenschaftliche Basis.

Goerd Peschken war mein Lehrmeister. Sein Wissen begeisterte mich, seine spröde Zurückhaltung ließ mich nie die Bodenhaftung verlieren. Seine Skizzen faszinierten mich von Anfang an, seine Theorien aus der Sicht des Architekten und nicht eines Kunsthistorikers führten oft zu Kontroversen mit diesen. Allen Beteiligten aber war eins: Je mehr sie forschten, umso unergründlicher wurde ihnen das Genie Andreas Schlüters.

So widme ich dieses Geleitwort in Dankbarkeit meinem großen Meister und Mentor Goerd Peschken. Möge dieses Verzeichnis von Schlüters architektonischen Arbeiten dazu animieren, sich auch mit seinem großen Werk über das Berliner Schloss zu beschäftigen, das in mehreren Prachtausgaben erschienen ist. Ohne ihn hätte ich nie den Mut entwickelt, den Wiederaufbau des Berliner Schlosses zu betreiben.

Wilhelm von Boddien.

links: eigenhändiger Entwurf Schlüters der Decke des Roten Zimmers, siehe S. 94-96

Vorwort

Andreas Schlüter (1659? – 1714) ist der große Bildhauer-Architekt des deutschen Barock gewesen. Schon eine Generation später wird er der Michel-Ange du Nord genannt. Seit Nicolai wird er als nationaler Held verklärt. Zum Beginn der kunsthistorischen Rezeption des Barock überhaupt zählt dann Gurlitts Monographie von 1891. Anderthalb Generationen weiter, 1935, hat Heinz Ladendorf zusammengetragen, was nur an Archivalien erreichbar war, und 1937 in einem schönen populären Buch vorgestellt.
Die nächste Generation hätte ihre neue Sicht und ihre neuen Erkenntnisse also in den 1970ern formulieren sollen. Die architektonische Hälfte dieser Aufgabe wurde mir zuteil, im Umfeld der Berliner Schlossmonographie, die Margarete Kühn mit Hilfe der Deutschen Forschungsgemeinschaft vorbereitete. Von der großen Schlossmonographie sind schließlich nur meine beiden Bände Baugeschichte bis 1706 zustandegekommen, auch diese erst verspätet 1992 und 1998. 2001 haben Liselotte Wiesinger und ich ein Buch über die barocken Innenräume folgen lassen. Wir konnten doch Ikonologie und Architektur wenigstens beschreiben, wennschon Arbeit von Kollegen zu weiterem nicht zu finanzieren war – nicht einmal zur Kunstgeschichte von Schlüters Bildhauerei. Nach 2001 habe ich noch in Aufsätzen die architektonischen Fragen abgearbeitet, die seit den 1960ern offengeblieben waren, betreffend Gesundbrunnen und königliches Lusthaus in Freienwalde, Schlüters kleine Villa vor dem Köpenicker Tor, und den Altar in der Stralsunder Nikolaikirche. So kann ich nun, gut eine Generation verspätet, den Überblick über Schlüters Architektur liefern, während die nächste Generation schon längst an der Arbeit ist.
Wo meine Ergebnisse weit vom bisher bekannten abweichen, liegt das nicht so sehr an der Generations-Stufe, sondern schlicht an der Kriegszerstörung des Berliner Schlosses und des Schlosses Charlottenburg. Da waren hölzerne Verkleidungen weggebrannt, war von den Mauern, die jahrelang ohne Dach gestanden hatten, der Putz abgefroren und man konnte die Steine sehen, da sind für den Wiederaufbau von Charlottenburg die Fundamente visitiert worden. Mit einem Wort, die Schlösser waren eine zeitlang der Bauforschung oder Bau-Archäologie ausgesetzt, Kollegen – Waltraud Volk, Martin Sperlich – hatten dokumentiert, und ich war archäologisch ausgebildet..
Die Verspätung lag natürlich an den Folgen unserer rechtsradikalen Politik der ersten Hälfte des 20. Jahrhunderts, die bis heute nachwirken. Schon Ladendorf hat meines Wissens nicht Polen bereisen können, wo Schlüter zum großen Bildhauer aufgestiegen ist, und ist meines Wissens auch nicht nach Leningrad gelangt, wo Schlüter in seinem letzten Lebensjahr sehr bedeutende Spuren hinterlassen hat. Noch die ihrem großen Gegenstand so garnicht angemessene bescheidene Form meines Büchleins erklärt sich aus den angedeuteten Schwierigkeiten. Es geriet unvermeidlich in die Nähe der verkrampften Debatte über den Wiederaufbau des Berliner Schlosses. Zu Schlüters Quellen, und erst recht zu Schlüters Wirkungen eigene Kapitel zu schreiben haben mir Kraft und institutionelle Hilfsmittel gemangelt. Auf der anderen Seite habe ich aber auch viel Unterstützung erfahren, meist von Altersgenossen. Ich nenne nur Horst Drescher, Björn Henrik Hallström, Mariusz Karpowicz, Reiner Koppe, Stanislaw Mossakowski, Adelheid Schendel, Carl Wolfgang Schümann.
Dies Buch ist auch wieder durch viel Hilfe zustandegekommen. Dank gebührt vor allem dem Architekturmuseum der Technischen Universität Berlin und seinem Leiter Hans-Dieter Nägelke. Dort ist das Buch für den Druck aufbereitet worden, Claudia Zachariae hat das Projekt betreut, Maria Schlosser hat es lektoriert. Der Förderverein Berliner Schloss hat zu den Druckkosten einen Zuschuss gegeben. Ihnen allen sei herzlich gedankt.

G.P. 2013.

Einführung

Andreas Schlüter architectus hat der Meister die Zeichnungen zum Berliner Schloss signiert, die er im Druck veröffentlichte. Der Turm, ein Einzelblatt von 1702, hat vor allem in Berlin und Potsdam Schule gemacht. Die Serie von 1703 aber mit Schlüters straffen Risalitfassaden außen und im Hof in 4 Blättern hat die Architektur der Zeit weithin beeinflusst, und die beiden Blätter mit dem großen Rampenhaus, die zu der Serie gehören, haben den Typus des großen Barock-Treppenhauses hierzulande geradezu geprägt. Und das, obwohl der Bau des Turmes misslang, und obwohl Schlüter das Rampenhaus, kaum dass es stand, schon hat umbauen müssen. So haben Zeichnungen von Anfang an Schlüters Werk verbreitet. Als die wirtschaftliche Entwicklung 1889 das Palais des Premiers gegenüber dem Schloss verschlang, wurde schon fotografiert, aber auch noch gezeichnet, und auch für die Villa Kamecke haben wir glücklicherweise neben den Fotos Zeichnungen. Ich schließe mich dieser Tradition hier an.

Der Versuch, das architektonische Werk Andreas Schlüters zusammenzustellen, hat seine Schwierigkeit vor allem darin, dass der große Bildhauer–Architekt seine Architektur und Plastik natürlich in einem erdacht hat. Die Architektur aus den Werken herauszulösen ist wissenschaftlich bedenklich. Der Leser möge an keiner Stelle vergessen, dass hier nur eine Seite des Werkes gesehen wird. Die Beschränkung des Blicks mag aber doch neue Einsicht auch in das Ganze ergeben.

Die Aussonderung der Architektur erfolgt also hier durch Zeichnung. Die architektonischen Fassungen der Stuckdecken, die gewölbt gewesen sind, sind freihändig skizziert; ihre genauen Maßverhältnisse geben die Fotos ja nicht her. Die Decken sind aber in ihren Größenverhältnissen untereinander dargestellt. Ebene Gliederungen sind meist nach Foto umgezeichnet und insoweit maßgenau; da in der Verkleinerung aber schon im Foto Profile verloren gehen, schien es geraten, keine präzisen Ingenieurszeichnungen zu geben. Die Umzeichnungen sind ‚freihändig ausgezogen', wie diese veraltete Technik heißt. Eine solche bedingte Genauigkeit wäre mit dem Computer nicht herstellbar.

Im Medium der Zeichnung erscheinen hier Rekonstruktionen längst verlorener Bauten und unausgeführte Entwürfe gewissermaßen gleichberechtigt neben den Werken, die das Zeitalter der Fotografie erreicht haben. So treten äußerliche Zerstörungen und Zufälle zurück und hoffentlich Vielfalt und innere Einheit des Werkes in den Vordergrund. In den Zeichnungen konnten auch spätere Änderungen weggelassen, originale Fassungen rekonstruiert werden.

Die Erläuterungen sind möglichst beschränkt auf das, was die Zeichnungen nicht hergeben, und gelegentliche Bemerkungen über Herkunft und Zukunft der Motive, die ich mir zu verbieten nicht vermocht habe. Nur wo ich über den publizierten Stand der Kenntnisse hinausgehe, sind Argumente aufgenommen.

An Literatur sind hier grundlegend:

Gurlitt, Cornelius: Andreas Schlüter, Berlin 1891.
Ladendorf, Heinz: Der Bildhauer und Baumeister Andreas Schlüter, Berlin 1935, und dessen populäres Buch Andreas Schlüter, Berlin 1937.
G. P. : Das königliche Schloss zu Berlin, 3 Bde., München/Berlin 1992, 1998 und 2001 (letzerer zusammen mit Liselotte Wiesinger).

Zu den einzelnen Bauten sind die speziellen jüngeren Titel genannt, die ich verwende.
Ein besonderes Literaturverzeichnis schien mir entbehrlich.

Berlin 1694-1712

Hofbreite 52 m, Tiefe 87 m, zwischen den Galerien 47 x 80 m.
Der Ausbau des inneren Schlosshofs für die erstrebte Königswürde hatte 1688 mit der Errichtung einer zweistöckigen Bogengalerie in einem Viertel des Hofes begonnen. Diese war mit kolossalen korinthischen Halbsäulen besetzt. In den folgenden Jahren wurden die Fenster der drei Hauptgeschosse modernisiert. Ein Architekt ist nicht bekannt.
1697 ging ein neuer Plan in Bau, aufgestellt von Nicodemus Tessin dem Jüngeren unter Berücksichtigung der bereits erfolgten Modernisierungen. Tessin korrigierte die nicht regelrichtige Bogengalerie. Sein Gesamtkonzept enthielt die beiden Treppenhäuser an den Schmalseiten des Hofes. Vorbild seiner Treppenhäuser waren die Eckrisalite der Louvre-Ostfront. Nach seinem Plan wurden die Zwerchgiebel des Altbaus zu dem Mezzanin zusammengezogen. Tessins Plan ist nur durch Broebes überliefert (Abb. S. 13 – das Gebälk war aber Säule für Säule vorgekröpft). Ich habe Broebes' Ansicht in den Hofgrundriss eingesetzt. Der Plan wurde zunächst von Martin Grünberg ausgeführt. Schlüter lieferte die Bauplastik.
1688 gewann Schlüter die Bauleitung (siehe S. 23 f. Acquisitionsmodell). Er hat den Plan Tessins bis zum Einzug des neugekrönten Königs Mai 1701 ausgeführt (die Krönung geschah in Königsberg). Vollendet waren die beiden Treppenrisalite und die Kolossal-Galerie zwischen diesen auf der Nordostseite des Hofes. So machte diese Hälfte des Hofes eine Ehrenhof-Gebärde gegenüber dem Zugang, der vom Vorhof her erfolgte. Die Fenster waren an diesen drei Hofseiten überall modernisiert. Die vierte, für das Zeremoniell bedeutungslose Seite des Hofes ist niemals ganz modernisiert worden.

2.OG
Cour du
Cum Priv. S. C. May.
I. G. Mertz exc. Aug. Vind.
Palais Royal de Berlin
1.OG

Schlüter hat innerhalb des Tessin'schen Planes die Mezzaninfenster der Rücklagen detailliert. Er hat die Tessin'/Grünberg'schen Nebentüren der Treppenhäuser anders gerahmt, erstere aber an den Rücklagen im Schatten der Galerien belassen. Vor allem hat Schlüter beiderseits der Mittel-Eingänge zu den Treppenhäusern statt Tessins gekuppelter kolossaler Halbsäulen vollrunde freie Säulen gestellt, mit Figuren darauf. Er hatte dabei römische Kirchenfassaden im Sinn (s. Abb. S. 15 – über seinen Umbau der Hofgalerie siehe Abb. S. 56 f.). In den Mittelöffnungen in Erd- und Nobelgeschoss hat er statt der von Tessin vorgesehenen stockwerkshohen Dreiviertelsäulen und Halbsäulen ebenfalls freie vollrunde Säulen gestellt. Im Mittelgeschoss konnten Stockwerkssäulen nicht gezeigt werden, mit Rücksicht auf die perspektivische Komposition.

Die Freistellung der Stockwerkssäulen zog im Durchgang unter den Treppenhäusern und stellenweise in den Treppenhäusern die Freistellung von Halb- und Dreiviertelsäulen nach sich. Im Mittelgeschoss an der Wandzunge, wo die Treppen aus dem Erdgeschoss ankamen und die Treppen ins Obergeschoss begannen, stellte Schlüter freie Säulen, um die man förmlich herumstieg (Abb. S. 17, Zeichnung von Menzel). Am oberen Ende der Treppenhäuser, vor den Türen zu Elisabeth- und Rittersaal, brach Schlüter eine Schau-Serliana Tessins (Abb. S. 18) bis auf die (mühsam zu mauernden) Rundsäulen ab und legte auf die Rundsäulen einen Balkon (Abb. S. 19). Ungereimtheiten in der axialen Ordnung, die sich dabei ergaben, ließ er stehen: niemand würde sie bemerken. Der Balkon verband die Mezzaninräume an den Sälen vorbei. Von da oben wurde, wenn der König speiste, Trompete geblasen, mit Echo von der anderen Hofseite. In meinen Rekonstruktionszeichnungen muss das bezeugte, aber niemals fotografierte Deckengemälde fehlen. Nach 1703 während seines Umbaus der Hofgalerien (S. 56 f.) hat Schlüter noch die Balkonplatten eingesetzt und dabei die Segmentbögen der Mittelfenster im Mittelstock begradigt (Abb. S. 15 aus Gurlitt). Gegenüber dem Abgang vom Rittersaal zur Sommerwohnung des Königs, den ‚Polnischen Kammern', hat Schlüter in Grünbergs architektonische Gliederung eine viel bewunderte borromineske Supraporte eingesetzt, die den Streit der Künste Malerei und Skulptur zeigte (Abb. S. 21).

Putto gemalt
Putto modelliert
Putto modelliert

Seit 1797 geschah der Ausbau des Schlosses nach dem Entwurf Tessins. Behelfsweise leitete Grünberg Tessins Bau, Schlüter lieferte Bauplastik. 1698 brannte das Stockholmer Schloss ab. Tessin ergriff seine Chance dort: er würde nicht nach Berlin kommen. Schlüter ergriff seine Chance hier: er präsentierte sein Acquisitionsmodell.

Das Modell kennen wir aus zwei Kupferstichen (der am meisten verbreitete, siehe rechts), einem Münzbild und von der Decke des Rittersaals. Die beiden letzteren Darstellungen waren offiziell. Das Modell war akzeptiert, Schlüter zum Architekten des Schlosses berufen (die Ernennungsurkunde datiert erst von 1699). Das Modell übertrumpfte den Plan Tessins durch zwei weitere ganz gleiche Treppenkästen im Hof, nun vor den Längsseiten. Derjenige vor dem Spreeflügel ersetzte den gewohnten Aufgang zu den Appartements, auf den der Bauherr nach Tessins Plan verzichten sollte. Vielleicht hat dies den Bauherrn gewonnen. Gleichwohl musste Schlüter Tessins Schlosshof erst einmal fertig bauen, weil der Krönungstermin näherrückte, siehe Hof 1, S. 12f.

Nach dem Modell ausgeführt worden ist die Stadtfassade (Abb. S. 25 aus Schlüters Veröffentlichung von 1703, hier beschnitten). Auch für diese muss ein Plan Tessins vorgelegen haben. Die Gliederung des Mittelrisalits muss derjenigen seiner Hofrisalite entsprochen haben: gekuppelte Säulen bzw. Pilaster in der Mitte, einzelne an den Seiten, in zwei Kolossal–Stockwerken übereinander.

Schlüter hat hier die Vorgaben Tessins gesprengt und dem Portal eine einzige Riesen-Kolossalordnung gegeben. Ein Schlossportal so groß wie eine Kirchenfassade zu nehmen war einigermaßen neu und hat Epoche gemacht. Das riesige Portal bezog sich nicht allein auf den Stadtflügel; dieser war mit Schulter-Rücklagen hinterstaffelt. Die schmächtigen Erkerchen des Renaissance-Baus hat Schlüter mit breiten Rundtürmen umhüllt, die geschmeidig zu Flanken und Rücklagen überleiten. In den Ecktürmen sind die Diagonalen betont, der eine blickte auf die Hofkirche mit den Gräbern des Herrscherhauses, der andere auf die Lange Brücke mit dem Denkmal des Großen Kurfürsten, der die Souveränität in Ostpreußen und damit die staatsrechtliche Voraussetzung für den Königsrang gewonnen hatte. Man wurde der Fassade von weitem nur übereck ansichtig. Gegenüber standen Häuser. Schulterrücklagen kannte Schlüter von der Villa Giulia vor Rom. Sein Schüler Böhme hat die ganze Fassade am Schloss Schwedt (auch zerstört) wiederholt. In Berlin ergab der Altbau ungleiche Schulterrücklagen: diejenige auf der räumlich weiten Seite zur Brücke hin zählte vier Achsen, bei entsprechender Tiefe, diejenige in der Enge am Dom nur zwei Achsen. Die Häuser dem Schloss gegenüber standen zu nahe, als dass man beide Schultern mit einem Blick hätte vergleichen können (Schema rechts).

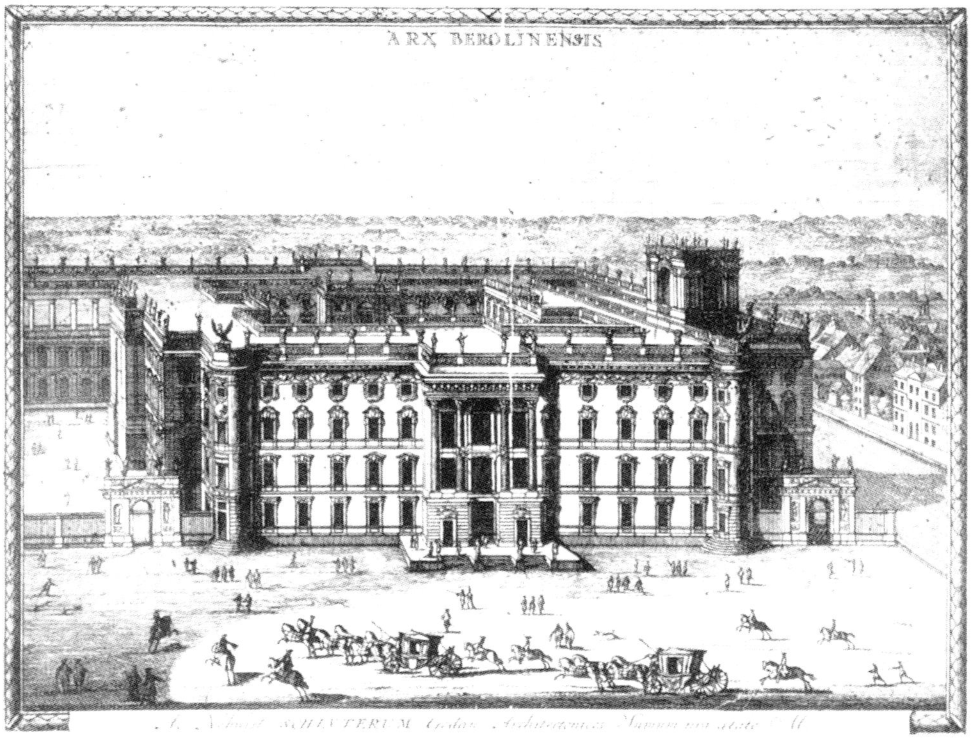
ARX BEROLINENSIS

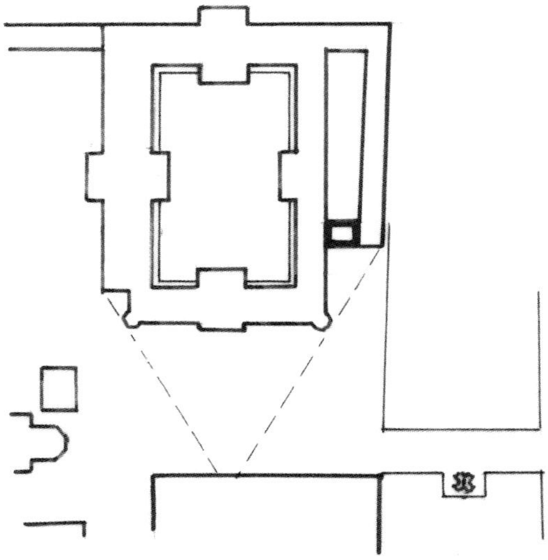

Die Stockwerkssäulen (Kolonetten) in der Mittelachse hat Schlüter in der Mauertiefe zu zweit hintereinander gestellt. Wegen des Schattens im Portal und weil oben die Saalfenster zwischen den Kolonnetten durchgeschoben waren, sieht man es auf den Fotos nicht; es muss aber beim Betreten sehr aufgefallen sein (vgl. Abb. S. 34). Das hat Schlüter Michelangelo abgesehen, dem Saalfenster über dem Portal des Palazzo Farnese in Rom. Die in die Diagonalfenster der Ecktürme eingestellten Kolonetten schienen ebensogroß wie die im Mittelrisalit, waren in Wahrheit aber etwa um ein Drittel kleiner.
In den Rücklagen der Fassade sind die zwischen den Fenstern eingelassenen Spiegel eigenartig. Diese liebenswürdige Erfindung Raffaels vom Palazzo Pandolfini in Florenz war durch Nachahmungen von Serlio im Druck verbreitet. Schlüters Fensterrahmungen, nach Stockwerken in toskanisch = bäurisch, ionisch = nobel und korinthisch = königlich unterschieden, waren Bildhauer–Erfindung ohne graphisches System, unnachahmlich. Sie sind an Teilen von Eosanders und an Böhmes Fortbau genau weitergeführt worden (Abb. S. 26-29).
Schlüters Fassade war, mit Ausnahme der Schulterrücklagen, beim Einzug von der Krönung vollendet.
Allein die Balustradenplastik ist zum Einzug von der Königskrönung nicht ganz fertiggeworden. Auf den Ecktürmen, wo zuerst Adler vorgesehen waren – vgl. Abb. S. 23 –, hat Schlüter große Königswappen aufgestellt, siehe S. 25. Jedes sollte von zwei Wappenhalterinnen flankiert werden. Die Wappenhalterinnen sind nicht ausgeführt worden. Die Wappen sind nicht erhalten. Von der übrigen Balustradenplastik existieren noch, fragmentiert, drei Figuren, von den im Wechsel mit diesen aufgestellten Vasen keine mehr.
In seiner 1703 publizierten großformatigen Entwurfszeichnung der Stadtfassade – Teil-Abb. S. 25 – sind noch Brunnen unter den Diagonaltürmen gezeichnet, die aber unausgeführt geblieben sind.
Die Änderung des Fassadensystems von Tessins Risalit mit den gekuppelten Säulen beiderseits der Mitte (1 – 2 – 2 – 1) in ein System mit lauter einzelnen Säulen (1 – 1 – 1 – 1) wirkte in die Räume hinter den Risalitfassaden hinein. Hinter Tessins gekuppelten Säulen hatten sich breite Fensterpfeiler ergeben, die Tessin durch Rundnischen gliederte. Schlüters System erforderte Abbruch und Neubau der Risalitfassaden und damit der Außenwände von Portalhallen und Elisabethsaal, sowie den Umbau ihrer Rückwände. Dabei wurden Decken und Dach abgestützt. Hinter dem Gerüst war von den Bauarbeiten kaum etwas zu sehen, sodass Schlüter den Abbruch sich nicht genehmigen lassen musste (und es davon keine Akten gibt). Dasselbe Verfahren hat er am gartenseitigen Mittelpavillon von Schloss Lietzenburg/Charlottenburg – siehe S. 164f. – angewendet.

Nobelgeschoss, Varianten der Fenstergiebel S. 28 und 29.
Das Giebelfeld über den Fenstern des Nobelgeschosses war mit einer Vertiefung im Putz hinterlegt. Bei den Vorarbeiten für den Wiederaufbau der Fassade hat das Büro Stuhlemmer Varianten dieser Putzkante festgestellt. York Stuhlemmer stellt die Befunde freundlicherweise zur Verfügung.
Die Kante hinterfängt die Muschel am Fuß des Szepters und folgt beiderseits der Aufkröpfung des Fenstersturzes. Dann umspielt sie Fries und Horizontalgesims. Was unter den gesprengten Giebelschenkeln vom Dreiecksgiebel übrig ist, verbindet sich mit der Gegenseite durch ein Band, das zugleich das Wappen hinterfasst und hält.
Dies Band läuft an der Flanke der Fassade zur Spree hin gerade wie ein Balken, siehe Abb. S. 29 a.
Am Schlossplatz hängt es in flachem Bogen; dafür sind die Unterglieder des Geisons näher an dessen Stirn herangezogen (29 b).
Am Lustgarten in Schlüters Hälfte der Front hängt das Band unter dem freien Ende des Giebelschenkels (29 c), und macht mit dem Giebel-Restdreieck eine falsche doppelte Kante. Hier argwöhnt man hilflose Putzreparatur.
Schließlich Eosander gibt in seiner Hälfte des Lustgartenfront das Band überhaupt auf und lässt die Kante zwischen Giebelschenkel und Wappen spielen. So kennt man es aus dem Rokoko, z.B. von Schlauns Rüschhaus. Etwa so hatte ich es beobachtet (S. 28). Ich hatte damals in den 1960ern weder freien Zugang zu den Fotos, noch digitales Werkzeug.

VAM·FACIEM·ID EM·BORVSS·REX·DEO AVSPICE·CORON·PERFECTAM·INVENIT·MDCCI. REG·M·REDVX·

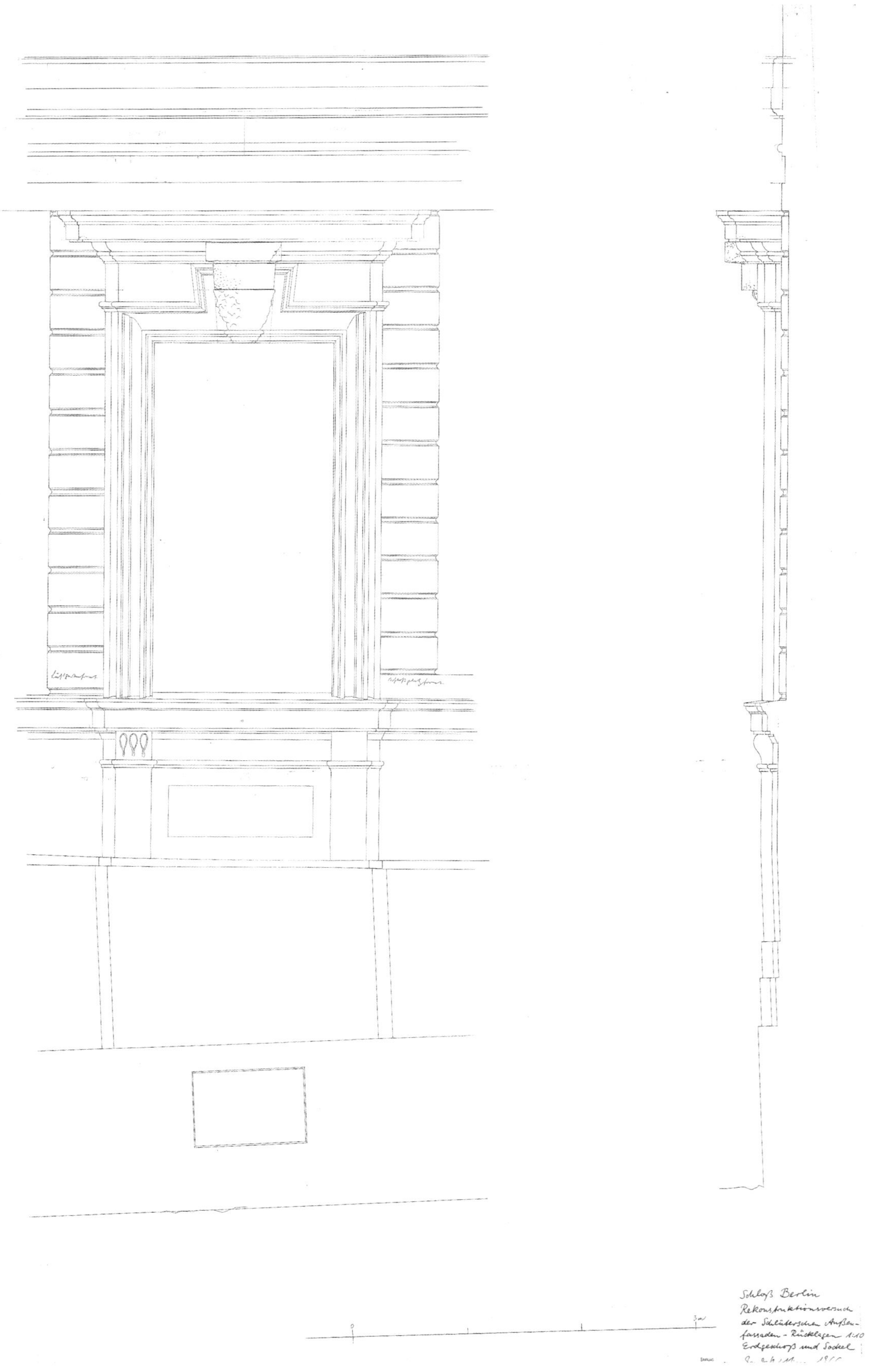
0
3m
Schloß Berlin
Rekonstruktionsversuch
der Schlüterschen Außen-
fassaden - Rücklagen 1:10
Erdgeschoß und Sockel

Schloß Berlin
Rekonstruktionsversuch
der Schlüterschen Außen-
Fassaden-Rücklagen 1:10
1. Obergeschoß
Goerd Peschken 1966

Schloß Berlin
Rekonstr.-Versuch
der Schlüterschen Außen-
Fassaden – Rücklagen 1:10
2. Obergesch. (Hauptgesch.) u. Mezzanin
Stiftung
Preussische Schlösser und Gärten
Berlin-Brandenburg
14414 Potsdam
AO2727

Fenster 2. OG - TYP SCHLÜTER (SCHLOSSGÄRTCHEN)

Fenster 2. OG - TYP SCHLÜTER/BÖHME (SCHLOSSPLATZ)

Fenster 2. OG - TYP SCHLÜTER (LUSTGARTEN)

Der Gartenflügel des inneren Schlosses, vorher uneinheitlich, war 1797 f. von Grünberg teils aufgestockt, teils aufgefüttert worden, sodass er in einer Höhe und Breite durchlief. Die ersten 3 Achsen links – östlich – erinnerten mit etwas engerer Achsweite an den darinsteckenden Altbau.
In der Mitte des Flügels war eben das Gartenportal nach Tessins Plan angefangen worden, als Schlüter die Bauleitung erlangte. Schlüter ließ sofort die Portalfassade 3 Achsen breit abbrechen und nach demselben System wie an der Stadtseite neu aufmauern. An den Rücklagen ließ Schlüter die Wandspiegel ausstemmen, auch die Fensterrahmen schon einsetzen. Der Risalit blieb im Rohen stehen.
Ab 1704 wurde die Fassade mit Adlern und Bukranien geschmückt, das Portal verkleidet.
Die Rücklagen stimmen in Einzelheiten, z.B. der Quaderung, in der von Decker gestochenen, Schlüter'schen Zeichnung (Teil Abb. S. 31 unten) nicht ganz mit der Stadtfassade überein, in der Ausführung auch mit der gestochenen Zeichnung nicht: Schlüter hat bis zuletzt an der Fassade ‚gefeilt'. Am Risalit hat sich Schlüter in der Geschossteilung und mit dem Rundbogen dem Tessinschen Plan genähert.
Um bei dem extrem schrägen Auftreffen der ‚Linden' (unter 30°) die Parallaxe möglichst gering zu halten, staffelt sich der Portalrisalit nur wenig vor (Schema rechts oben). Ein Vorbild für die Portalfassade bot der Palazzo Pamphily in Rom. Auch Fassaden des Tylman van Gameren, unter dem Schlüter in Warschau gearbeitet hatte, klingen darin nach. Wegen des sehr schrägen Anschlusses der ‚Linden' auch hat Schlüter eine Schein-Nische in der Attika (Abb. S. 31 Mitte von Broebes) angeordnet, sodass die Mittelachse von weitem zu erkennen war. Die Schein-Nische ist im Decker'schen Stich weggelassen, weil die Adressaten der Publikation die Situation, für die die Schein-Nische entworfen war, ja nicht kannten. Von der geplanten Bauplastik hat Schlüter noch vier Armaturen auf dem Portalrisalit aufstellen und das Wappen über dem Bogenfenster anbringen können. Zu den Balkonträgern, Schwebe-Genien, ist er nicht mehr gekommen. Risalit und Balustraden sind unfertig in Eosanders Hände gefallen.
Eosander hat die Fassade verdoppelt und das Portal wiederholt. Die Attika begradigte er. Die Attika- und Balustradenplastik verteilte er anders. Statt der von Schlüter geplanten Schwebe-Genien ließ er die nunmehr zwei Balkons der nunmehr zwei Gartenportale von Hermen tragen, die die vier Jahreszeiten verbildlichen (von Permoser). Auch hat er zu Schlüters Wappen Famen hinzukomponiert. An den Rücklagen hat er alle Fenster des Paradegeschosses bis auf den Fußboden herunter verlängern lassen (‚französische Fenster'), dabei Schlüters Gewände mit Konsolen abgefangen. Unter König Friedrich Wilhelm III. wurden gegen 1820 wieder Brüstungen aufgemauert, Eosanders Konsolen ließ man dabei stehen.

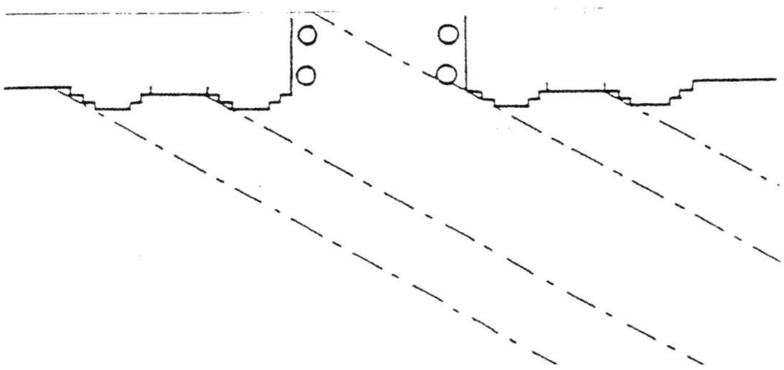

Palais Roial de Berlin du Côte du jar
Cum Pr. S. C. Maj.
I. G. Mertz excud. A.V.

Raum 844 (siehe Grundriss Abb. S. 85). 16 x 11 m. Höhe 9,75 m. 1698/99. Name nach Königin Elisabeth Christine oder Königin Elisabeth Lodovica. In Tessins Plan Saal des Königs. Beim Einzug von der Krönung Wachensaal. Nach Bau des Treppen-/Rampenhauses am Spreeflügel Saal des Kronprinzen.
Vor Schlüters Umbau der Fassade waren in den breiten Fensterpfeilern (vor denen außen gekuppelte Säulen oder Pilaster stehen sollten) Nischen vorgesehn. In der Wandgliederung sollten Stücke aus der 1698 erworbenen Sammlung Bellori aufgestellt werden.
Nach seinem Umbau der Fassade musste Schlüter die, offensichtlich vom Bauherrn schon genehmigte, Nischengliederung an seinen viel schmaleren Fensterpfeilern unterbringen. Die schmaleren Nischen mussten auch niedriger sein, um im Verhältnis zu bleiben. Zwischen den zu niedrigen Kämpfern der Nischen und den Arkaden der schmalen Wände ließ Schlüter Atlanten vermitteln. Margarete Kühn sprach von Schlüters figuraler Komposition: in der Skizze S. 35 oben steht der Atlantenpfeiler des Elisabethsaals neben dem gleichzeitig entworfenen Wandpfeiler der Außenfassade. Vorbilder für Lang- wie Schmalseite des Elisabethsaals, war die Galleria Farnese in Rom, worauf Liselotte Wiesinger mich hinwies.
An den schmalen Wänden fehlt in den Fotos der schwere Kachelofen-Kamin, der der Mittelachse einst das Übergewicht gesichert hat.
Schlüter hat die Säulen im mittleren Fenster in der Wanddicke zu zweit hintereinander gestellt und das Fenster dazwischengeschoben, was man auf den Fotos nicht sieht, jedoch im Raum stark gewirkt haben dürfte. Beiderseits der Treppenhaustür blieb es bei Tessins Halbsäulen. In Abb. S. 34 sieht man, wie suggestiv die doppelten Säulen im Fenster waren: Broebes zeichnet sie auch an der Innenwand.
Schlüter war schon Hofarchitekt, Leiter der inneren Ausstattung aber noch nicht. Seine Kompetenz reichte bis zur Attika. Die Decke einschließlich der Voute entwarf Augustin Terwesten, der führende Hofmaler. (Die Maler galten wegen ihrer Kenntnis der Perspektive als zuständig für Deckengestaltung.) Terwesten hat sein Gemälde halbfertig lassen müssen. Als Schlüter die Leitung der inneren Ausstattung gewonnen hatte, übertrug er Terwesten das Deckenbild in der 2. Parade-Vorkammer im Rahmen einer Schlüter'schen Stuckvoute.
Die Türrahmen sind um 1790 gegen marmorne ausgetauscht worden, wobei ihre Form verändert wurde. Die originale Form hat Pitzler zu zeichnen versucht (Abb. S. 35 unten).
Die beiden glatten Wandfelder waren mit Hautelisse (Bildteppichen) ausgehängt.

Fi guren
Figuren
Figuren

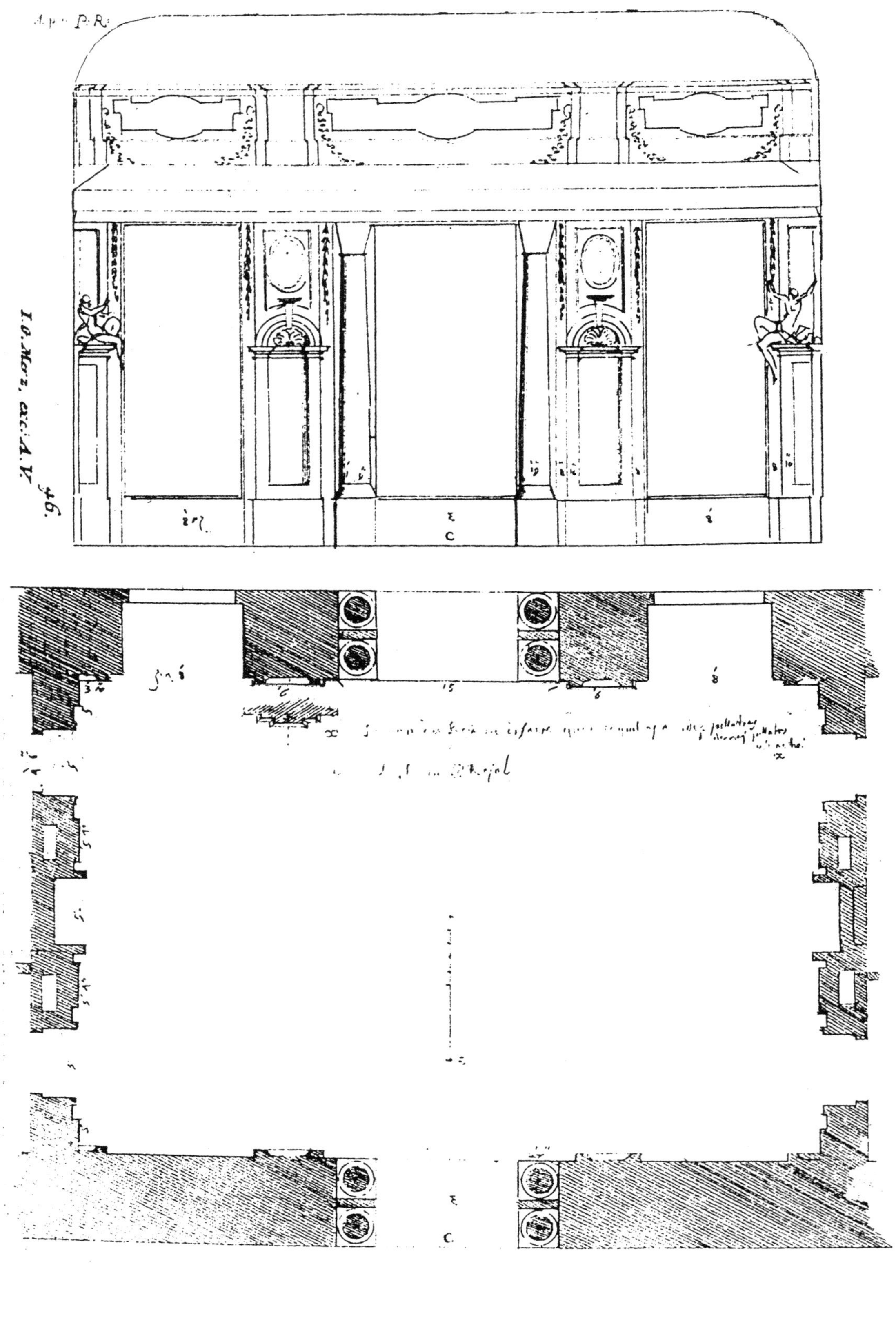

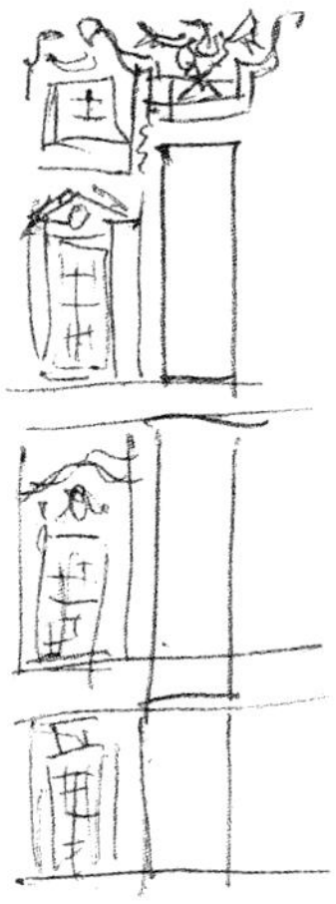

Die Portalhalle im Portal I, Raum 432 (siehe Grundriss Abb. S. 85). 15,80 x 11 m. Höhe 7,25 m. 1697/98 und 1701/04. Zunächst von Grünberg ausgeführt. Schlüter hat bei seinem Umbau (Abb. S. 37 unten) die Querwände in der Tessin'/Grünberg'schen Form belassen. Außen- und Innenwand aber musste er wegen seiner Umstellung des Fassadensystems völlig umgestalten.
Die beiden Treppen von Tessin/Grünberg (je ein Lauf an jeder Seite der Rückwand – Abb. S. 37 oben) hat Schlüter erst zwischen 1701 und 1704 durch seine beiderseitigen Doppeltreppen ersetzt. Das Gesims ist meine Erfindung.
Die Deckengliederung nahm keinen axialen Bezug auf die Schmalseite, weil die schmalen Wände vierachsig waren, die Türen nicht in der Mitte der Wände standen.
Schlüter hat als Gesims nur einen Architrav angebracht. Fries und Corona fehlten, was schon Pitzler bei seinem Besuch 1701, als er die Voute skizzierte, tadelt. Gegen 1800 wurde Schlüters Voute abgeschlagen und ein vollständiges Gesims aufstuckiert.
Für Kaiser Wilhelm II. sind Schlüters Treppen abgebrochen und wieder beiderseits 1 Lauf, nun aber an den Querwänden eingebaut worden, um eine innere Vorfahrt, gewissermaßen einen Bahnsteig zu gewinnen.

Die Halle im Portal V, Räume 277, 278, 288 (siehe Grundriss Abb. S. 85). 15,80 x 8,20 m. Höhe 7,25 m. 1698-1700. Gartensaal. Wie die Halle in Portal I noch von Grünberg ausgeführt, siehe Abb. S. 38 oben, Außen- und Innenwände von Schlüter umgebaut, die Querwände in der Tessin'/Grünberg'schen Form belassen (Abb. S. 38/39).
1728 ließ König Friedrich Wilhelm I. die Freitreppe zum Garten durch eine Rampe ersetzen, machte den Saal zu einer Durchfahrt entsprechend Portal I.
Schüters Decke, wie in Portal I über allein einem Architrav, ebenso wie dort durch Pitzler dokumentiert und getadelt und gegen 1800 klassizistischer Korrektur zum Opfer gefallen.
Unter Kaiser Wilhelm II., gegen 1900, wurde die Portalhalle durch Glaswände unterteilt.

GP82

Bei der Gründung des Schlosses gegen 1450 wurde die zum offenen Land liegende Ecke mit einem Kanonenturm gesichert. Gegen 1600 wurde er schlanker und in leichterem Mauerwerk zu einem Wasserturm für die Springbrunnen im Lustgarten erhöht. Im Zusammenhang des Ausbaues von Schloss und Residenz für die angestrebte Königswürde hat Schlüters Vorgänger Nering (1695†) schon den Ausbau zu einem barocken Prunkturm entworfen (Abb. S. 41 links).
Nering gedachte den eckigen mittelalterlichen Turmschaft bis an die Traufen der Zwerchhäuser des Renaissanceschlosses zu erhöhen: er rechnete schon auf den Umbau der Zwerchhäuser zu dem barocken Mezzanin. Sein Schaft maß 13 ½ m in der Stärke, sein Turm 68 m in der Höhe. Gemeint waren wohl 200 Fuß (der Entwurf ist nur in einer sicherlich nicht ganz maßgenauen Skizze Pitzlers überliefert).

Schlüter stellte 1702 einen Entwurf auf (Abb. S. 41 rechts), Schaftstärke 19 ½ m, Turmhöhe mit Figur 93 m = ca. 300 Fuß, der den vorhandenen Turm verstärkte und erhöhte, sehr schnell zu bauen ermöglichte und ungleiche Setzungen formal zu verstecken erlaubte. Der Bau gedieh im ersten Jahr schon bis unter die Säulenstockwerke.
Die maßstäbliche Zusammenstellung des Turmbaues mit der Gartenfassade Abb. S. 42/43 und seine ebenfalls maßstäbliche perspektivische Einzeichnung in eine alte Ansicht von den „Linden“ her (siehe Abb. S. 45) lassen die Bedeutung für die Residenz erkennen.

0 5 10 20 30 40 50 60 70 80
Berlin, Schloß. Nordfront (Lustgarten – Fassade). Stand der Planung 1702, Rekonstruktion. M. = 1 : 200 April – Mai

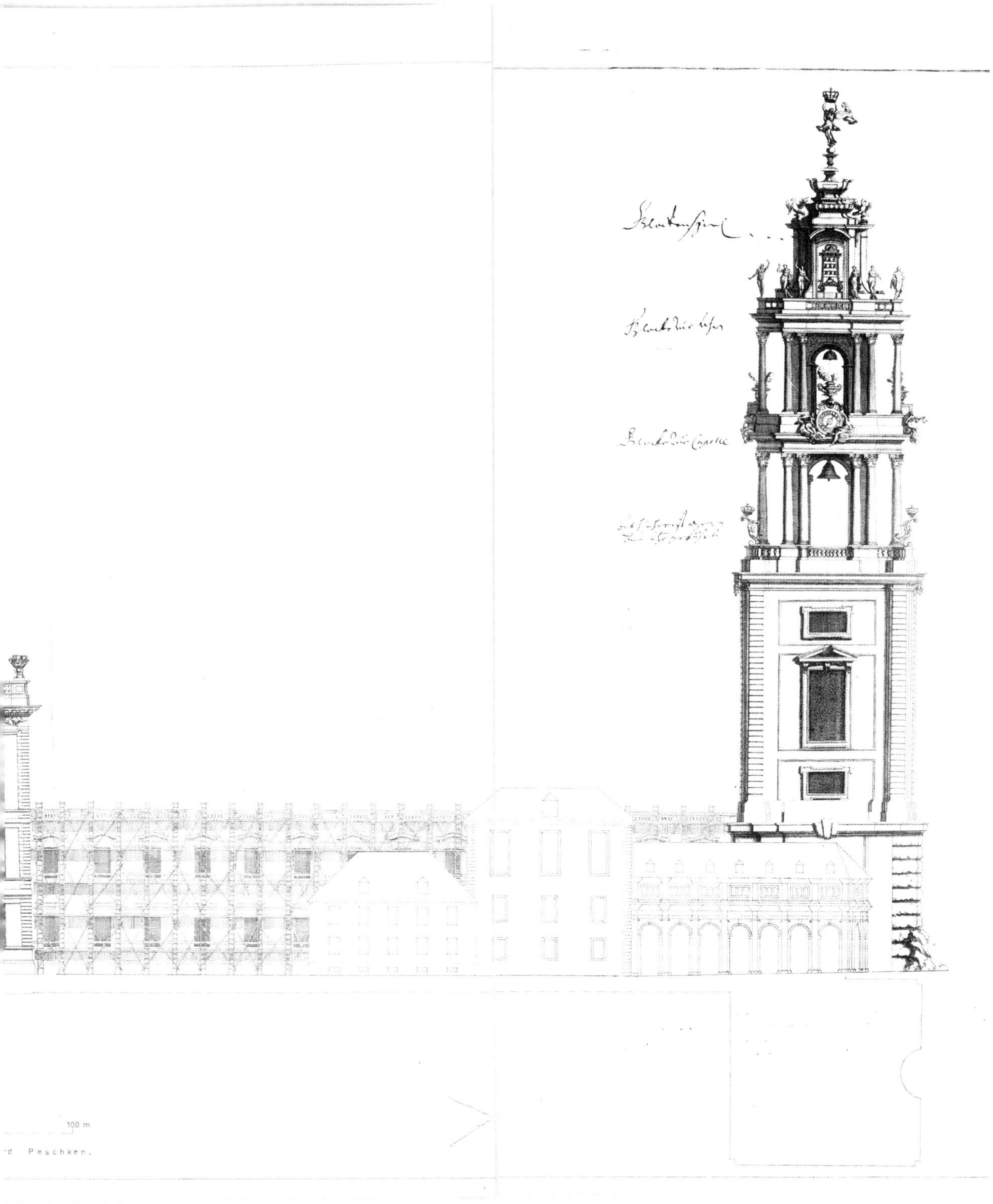
100 m

Der Münzturm in seiner ersten Fassung, 1702, maßstäblich perspektivisch eingetragen in einen Stich von C. F. Fechhelm von 1756. Die Allee Unter den Linden hatte 1646 der Große Kurfürst abstecken lassen; sie gehörte zum Lustgarten. Ihre mittlere Bahn war ein ‚Tapis vert'. Weil Grassamen kurz vor Ende des 30-jährigen Krieges nicht zu kriegen war, wurde zunächst Hafer gesät. Der Tapis Vert war nur von Standespersonen zu betreten, später auch abgeschrankt. Auf dem Stich sieht man an den Zugängen Drehkreuze. Die ‚Linden' waren schon für die Anlage des Stadtteils Friedrichswerder vom Lustgarten abgerückt, der Festungswall abgetragen, als Schlüter den Turm entwarf. Man sieht hinter der Oper (die Schlüter natürlich noch nicht gesehen hat) noch den Festungsgraben die ‚Linden' kreuzen.
Die ‚Linden' gehörten zu einer ‚Patte d'Oie', einem Dreistrahl von Sichtlinien, der vom Gartenpotal des Schlosses ausging. Die Ansicht mit der Gartenfassade S. 42/43 mag man der geradezu auf das Portal gerichteten Sichtlinie zuordnen; diese hier aus der seitlichen Sichtlinie der ‚Linden' war nicht weniger eine zeremonielle Ansicht, die Erscheinung des Turmes nicht weniger wichtig. Der dritte Strahl der Patte d'Oie ging auf die Zitadelle von Spandau.

aus den Linden, 1702

Schaftstärke 24 m, Turmhöhe mit Figur 96 m. Beim Ausbau des Münzturmes nach dem Entwurf von 1702 gab das Fundament auf der Westseite weit mehr nach als Schlüter erwartet hatte. Er verstand, dass der Grund nach dieser Seite gar nicht tragen würde, und entwarf nun einen Flügel auf der Ostseite als Gegengewicht, an den er den Turm anketten wollte.
Der Flügel symmetrisch dazu sollte übereck an der Südseite gebaut werden, und zwar um die halbe Turmstärke zurückgesetzt in Flucht der Vorhof-Umbauung (vgl. Abb. S. 83). Von den ‚Linden' her hätte sich dabei eine symmetrische Ansicht ergeben, siehe das Schema S. 51.
Um die Schrägstellung des Turmes zu maskieren, musste Schlüter auch den Turm selbst umgestalten. An diesem Konzept hielt er 3 Jahre fest und fügte noch Eckverstärkungen („Berge") hinzu. Der Bau gedieh bis zum 1. Säulenstockwerk einschließlich. Abb. S. 48/49 und S. 51 zeigen, wie der Turm nun in der Gartenfassade und zu den ‚Linden' stand.
Gurlitt verstand die Gemäldefelder irrtümlich als Reliefs und erklärte sie für den „Bankrott der Architektur". Schlüter kannte dergleichen von Lazienki bei Warschau und von der Villa Giulia vor Rom.

(Apothekenflügel)
0 10 20 30 40 50 60 70 80
Berlin, Schloß, Nordfront
Stand der Planung 1703, Rekonstruktion
April

100 m
Peschken. (& September 1995)

In der Ansicht vom Lustgarten her S. 48/49 ist das rechte Schultergebäude nicht zu sehen.
Dieser Flügel sollte übereck an der Südseite gebaut werden, und zwar um die halbe Turmstärke zurückgesetzt in Flucht der Vorhof-Umbauung (vgl. Abb. S. 83). Dies war die sichere Seite, dort trug das Fundament. Von den ‚Linden' her hätte sich dabei eine symmetrische Ansicht ergeben, siehe das Schema.

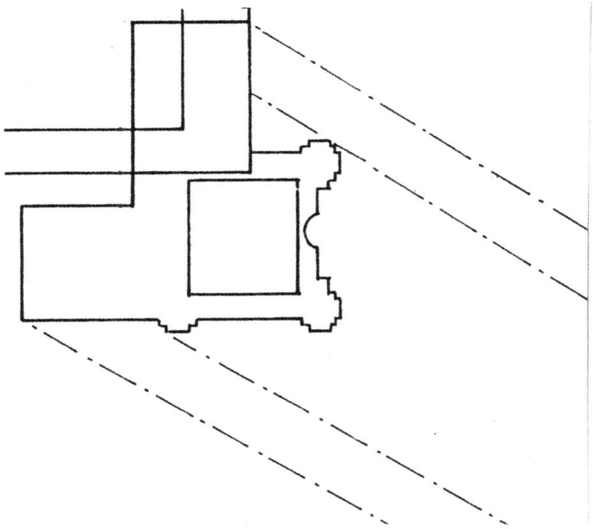

Es gelang Schlüter nicht, mit dem Entwurf von 1703 den Turm zu halten. Das Fundament gab auf der Westseite weiter nach, die Ketten rissen oder zogen sich samt ihren Ankern durch die Mauern des Gegengewichtes, deren Mörtel nicht schnell genug aushärtete. Schlüter gab den Turm auf und begann selber mit dem Abbruch. Er schlug dem König vor, auf den Turmstumpf ein Belvedere zu setzen und den gewünschten Turm diagonal gegenüber auf der Ostecke des Schlosses zu bauen (Schlüters Zeichnung Abb. S. 53, maßstäblich in eine Ansicht des Schlosses von der Langen Brücke her eingetragen S. 55). Die Idee war, den Chorturm der spätgotischen Schlosskapelle um 2 Stockwerke zu erhöhen. Der Chorturm war teilweise abgetragen worden, um ihn in ein stadtrömisches Belvedere umzugestalten, siehe Schlüters Modell von 1698/99, S. 23. Der Turm wäre 14 m stark und 80 m hoch geworden. Schlüters Turmentwurf von 1706 ist nicht mehr in Bau gegangen. Der König nahm Schlüter die Leitung des Schlossbaus.

Die Geschichte des Münzturms hat damals größtes Aufsehen erregt und später entsprechend große Aufmerksamkeit in der Geschichtsschreibung. In einer Ansicht aus der Gegend der späteren Weidendammbrücke (S. 54) sieht man beide, das Belvedere und den Münzturm I/II.

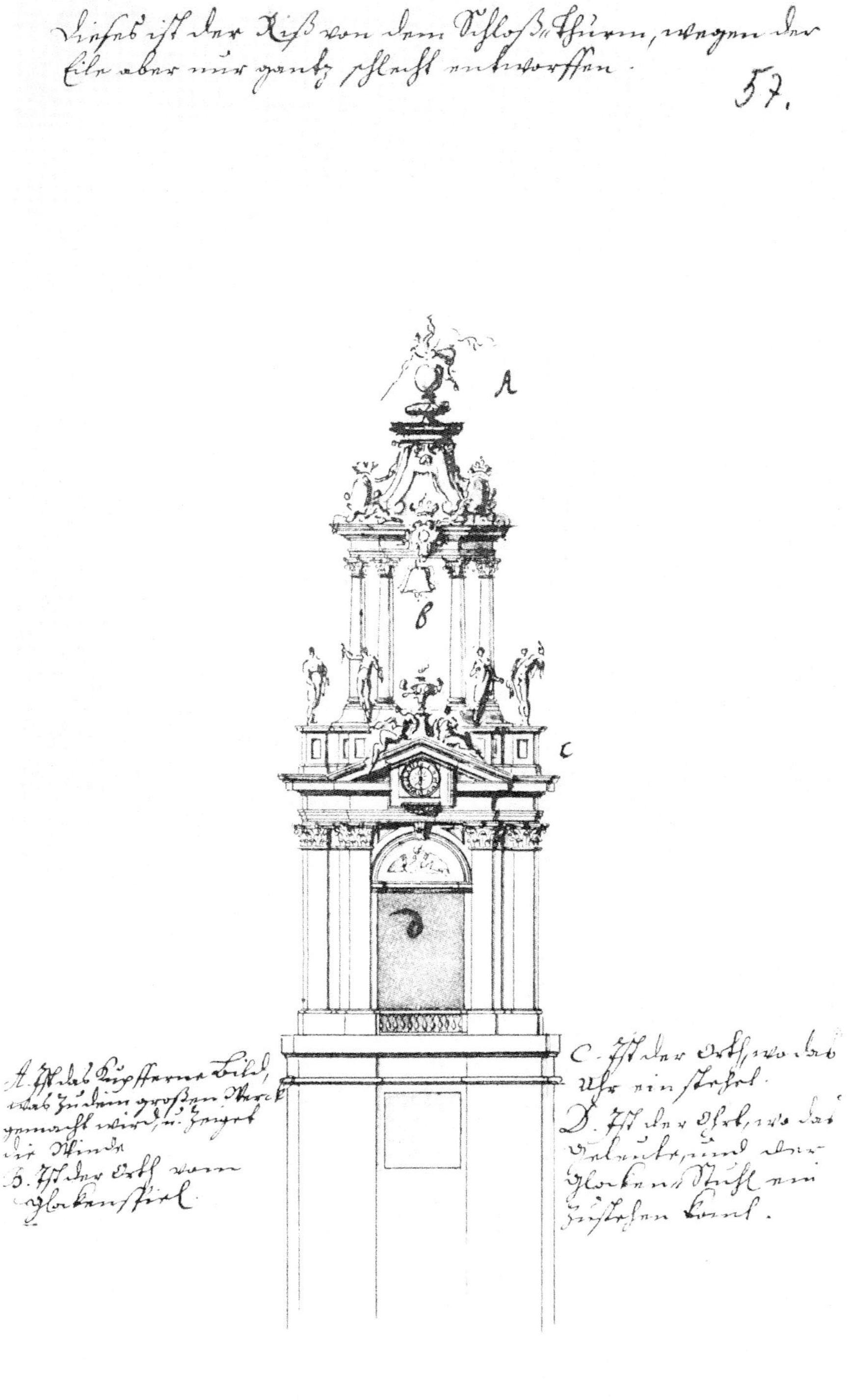
57.
A
B
C

Berlin.

So fertig sich der Hof zum Einzug von der Krönung präsentierte und so feierlich der Einzug durch die Großen Appartements von Königin und König sich machte, der König wollte doch die alte Disposition mit dem Hauptaufgang in der Mitte des Spreeflügels wiederhaben. Hier hatten seit Gründung des Schlosses ein Reitschnecken und eine Wendeltreppe nebeneinander zum Wachensaal hinaufgeführt. In dem Reitschnecken hatte man sich von einem Pferd in einem Schlitten mit Kufen ohne Eisenbeschlag bequem hinaufziehen lassen können. Der Wachensaal, nun Schweizersaal, diente der Wache für König wie Königin.
Schlüter erhielt also den Auftrag, wieder einen Aufgang vor den Spreeflügel zu stellen, wie er ja mit seinem Modell (Abb. S. 23) vorgeschlagen hatte. Mit den Vorbereitungen zum Einzug von der Krönung hatte er das volle Vertrauen des Königs gewonnen. Schlüter verknüpfte diesen Auftrag mit einem Umbau fast des ganzen Hofes, dem dritten in der Regierungszeit Kurfürst und König Friedrichs. 1703 veröffentlichte er seinen Entwurf, gestochen von Paul Decker, siehe Abb. S. 58/59 (beschnitten). Gewiss hat er gesagt, er wolle die kolossalen Halbsäulen vor der Balkongalerie nur umsetzen. In Wirklichkeit hat er die Galeriegewölbe abgefangen und die alten Stützen ganz wegstemmen lassen. Im Erdgeschoss stellte er gekuppelte Kolonnetten wie in den Portalen unter, und legte unter das Ganggewölbe eisenbewehrtes Gebälk. Im Mittelgeschoss konnte er die schon nach Tessins Korrektur-Plan in Sandstein erneuerten Tragebögen verwenden, die er in langgezogenen Konsolen-Stützen auf den Gangboden hinunterführte.
Die Kolossalsäulen waren Ziegelmauerwerk gewesen, nur Basen und Kapitelle aus Sandstein. Diese Sandsteinteile hat Schlüter umgesetzt. Vor seinen neuen Risalit stellte er 8 freie Säulen. Dafür brauchte er Basen und Kapitelle von 16 Halbsäulen. 19 Halb-und 4 Viertelbasen und -kapitelle fielen an. Wahrscheinlich konnten die überzähligen Stücke für die Rücklagenpilaster verwendet werden.
Tessin hatte beim Entwurf der Treppenkästen an den Schmalseiten des Hofes die Eckrisalite der Louvre-Ostfassade im Sinn gehabt, Schlüter sicherlich schon, als er seine Paare freier Säulen davorstellte, römische Kirchenfassaden, und nun bei dem großen neuen Mittelrisalit erst recht. Die Säulenstellung erinnert an Sta. Maria in Campitelli. Das obere Kolossalgeschoss mit seinen flachen Pilastern wirkte zu trocken, weil das riesige wildbewegte Wappen-Arrangement aus Schlüters Plan nicht mehr ausgeführt worden ist.
Die leichten Galerien mögen an ephemere Festtribünen erinnert haben. Sie dürften ein Muster für Rangtheater des 18. Jahrhunderts geworden sein.
Seit Schlüters Hoffassade sind im 18. Jahrhundert Risalitfassaden die Regel geworden.
Und Schlüter ging vom geschlossenen italienischen Palasthof zum französischen U-förmigen Ehrenhof über (siehe Abb. S. 57). Das war für ein Residenzschloss neu und hat ebenfalls im 18. Jahrhundert Schule gemacht, bis zu Schlauns Residenzschloss in Münster.

The Palace of the King of Prussia at BERLIN.
Le Palais du Roi de Prusse dans BERLIN

A. Schlüter Architectus.
10 20 30 40 50 60 70 80 90 100
P. Decker sculps. Berolini

A. Schluter Architect.
Cum Privileg. Sac. Cæs. Maj.

27 x 13 m, Höhe 26 m. Zu Schlüters Plan von 1703 für den Hof gehörte als Aufgang in die Appartements ein Rampenhaus, siehe Abb. S. 62/63. Reitschnecken haben seit dem Mittelalter zum Bauprogramm großer Schlösser gehört. Schlüter glaubte wohl, dass die neuen Treppenhäuser an den beiden Seiten des Hofes genügen würden. Das Rampenhaus musste in die geringe Tiefe des alten Spreeflügels eingepasst werden. Im 1. Stock musste die Hofgalerie durchgefädelt werden, die keinen Anschluss an die Schmalseiten-Risalite hatte, und im 2. Stock sollten die Paradezimmer von König und Königin durch den Schweizersaal verbunden bleiben wie bisher.
Für die Fortsetzung der Hofgalerie rückte Schlüter eine Bogengalerie um eine halbe Achse in den Hof vor und brachte darin Läufe seiner Rampe unter, sodass die Galerie sich sozusagen über Berg und Tal hinzog. Die Rampe ordnete Schlüter ‚dreiarmig' an: vom Eingang stieg sie geradezu gegen die Rückwand an, teilte sich dort nach rechts und links, lief an den Wänden herum in die Bogengalerie und in dieser zurück über den Eingang. Das ist das Schema der großen Barocktreppen des 18. Jahrhunderts in Deutschland geworden. Schlüter signierte den Plan stolz ‚Schlüter architectus'. – Schlüter hat das Rampenhaus schon 1704 umbauen müssen. Von den späteren dreiläufigen Anlagen unterschied diese sich darin, dass sie ins 2. Stockwerk führen musste.

Zum Folgenden vergleiche auch die Modellfotos von Andrew Alberts, S. 257f.
Schlüter hat vom Erdgeschoss ins 1. Stockwerk im 1. Lauf den Aufsteigenden durch Kolonnaden gehen lassen (Abb. S. 64/65) und die Treppenaugen etwas verengt, indem er die 3. Läufe abschrankte (Abb. S. 65-67). Im 1. Stock lief dann eine Brücke zur Rückwand, und die Läufe ringsum boten den Blick über die ganze Tiefe und Breite des Raumes (Abb. S. 66/67). Die letzten Läufe über der Galeriezone waren aus dem Raum ausgeschlossen, weil über dem offenen Teil des Rampenhauses der Schweizersaal lag. Schlüter setzte der breiten Dehnung im oberen Stock des Rampensaales in der oberen Galerie größte Höhe entgegen (Abb. S. 68/69). Die Decke der oberen Galerie ist das einzige Beispiel einer Balkengliederung Schlüters.
Schlüter hat die Rampen zuerst aus Holz konstuieren wollen, ist dann aber zu Eisen übergegangen, wohl weil Holz unter dem Hufschlag dröhnt. Der König ließ sich auf einem unbeschlagenen Schlitten von einem Pferde hinaufziehen. Die Eisenkonstruktion hat Schlüter bei dem Umbau der Anlage von 1704 weiterentwickelt.
Vor dem Umbau von 1704 datieren vielleicht der kassettierte Plafond über dem Eingang, jedenfalls die Plafonds im 1. Stock über den Wendepodesten vorne in den Ecken und in der Mitte der Galerie – Stuckkränze mit rot in rot gemalten Bildern darin –, von denen der mittlere (Abb. S. 77) die Funktion als Wendepodest durch den Umbau verloren hat.
Am Übergang vom Rampensaal in den hohen oberen Galerieraum hat Schlüter den Aufsteigenden eine Blendrahmung gegenübergestellt (Abb. S. 68 und 70), den Herabkommenden ein wieder anders komponiertes Türgewände (Abb. S. 71), die beide von klassizistischen Korrekturen, die sonst viel von seinem Innenausbau entstellt haben, verschont geblieben sind. Was in dem letztgenannten Türgewände wie eine Blendmuschel im Bogenfeld aussieht, war eine Art Apsiden–Kalotte. Denn hier durchbrach die Decke den Fußboden des Schweizersaales. Dort standen über den Kalotten Postamente, die den Deckendurchbruch bemäntelten.

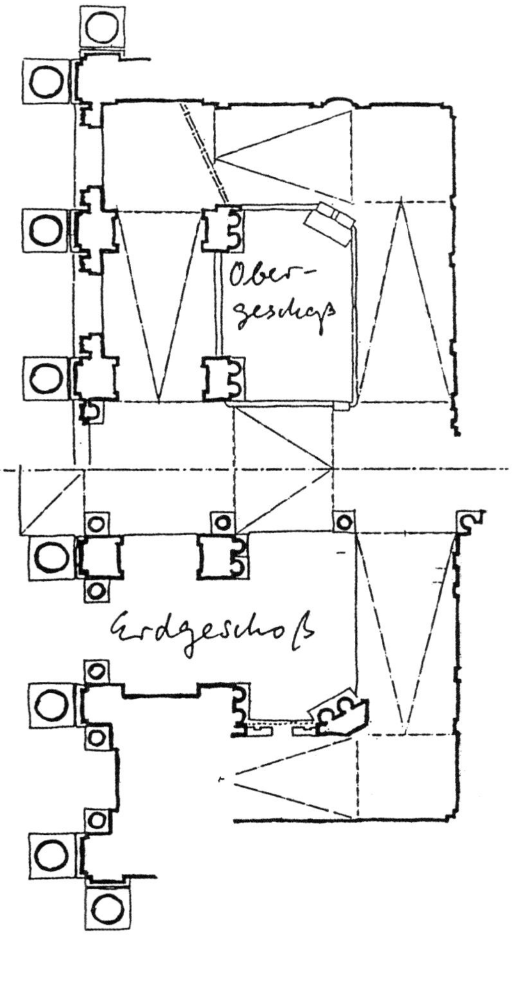
Ober-
geschoß
Erdgeschoß

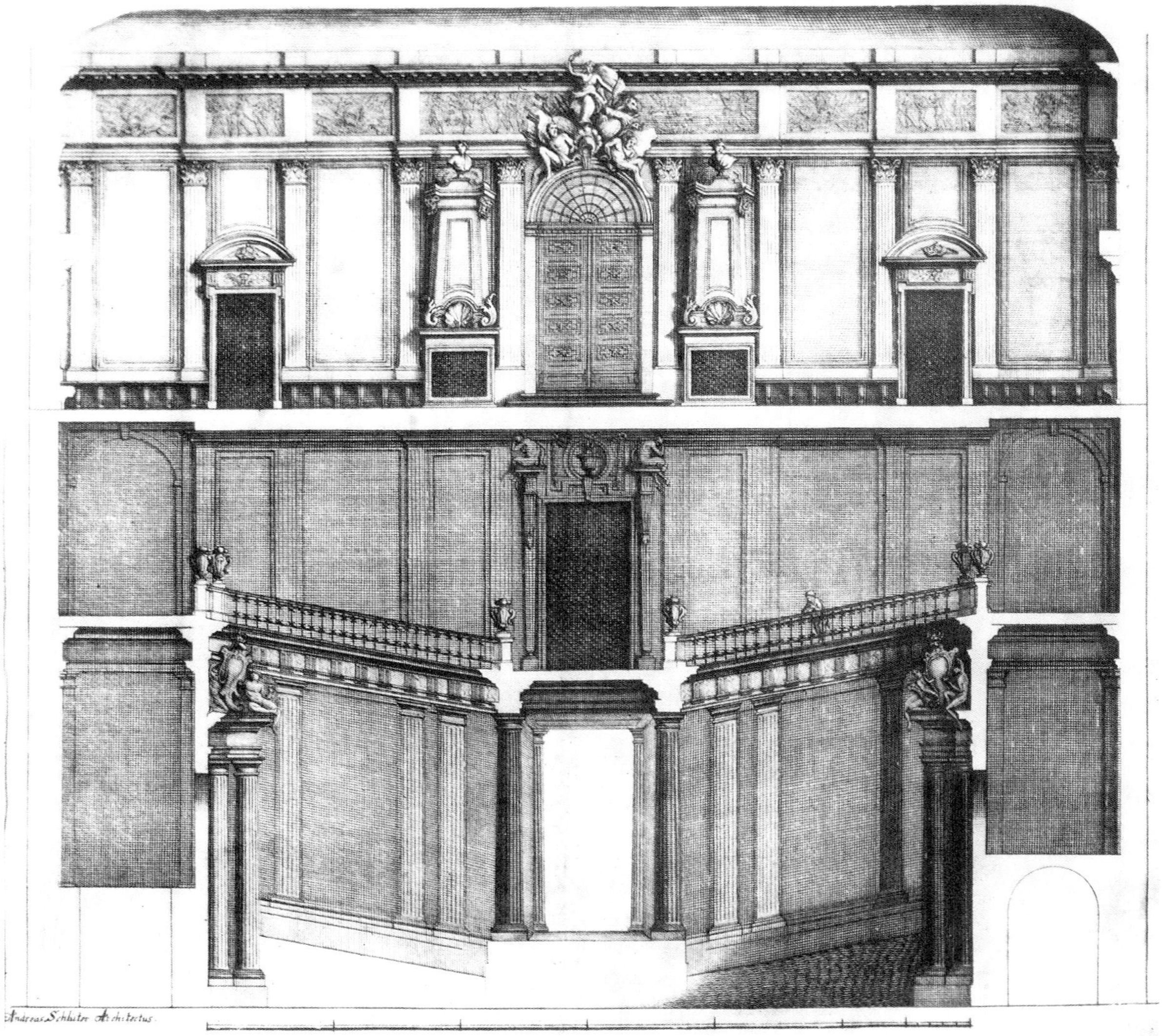
Andreas Schluter Architectus

Andreas Schlüter Architectus et Infint.
Jacob Wilhelm Heckhenauer sc. Berlin

vom obersten Zwischenpodest (mit den Stufen von 1704) und vom obersten Stockwerkspodest

Raum 344 (siehe Grundriss Abb. S. 85). Das große Rampenhaus, das 1703 angefangen worden ist, stand schon mehr oder weniger fertig; der König mag schon einmal hinaufgefahren sein. Jedenfalls war er nicht damit zufrieden. Er wünschte wieder wie eh und je beides, Treppe und Rampe, als Zugang zum Schweizersaal.
Schlüter konnte die symmetrisch rechts und links herum führenden Läufe einfach auf der einen Seite mit Stufen belegen. Den jeweils ersten Lauf in der Mitte aber musste er durch zwei Läufe ersetzen, einen für die Rampe, einen für die Treppe. Und von den zweiten und vierten Läufen des Erdgeschosses und vom zweiten Lauf im Obergeschoss verlor er über die Hälfte der Länge.
Kam man in die umgebaute Anlage, fand man sich einer Schau-Architektur an der Rückwand gegenüber, und man sah an der leeren Mitte entlang links die Rampe, rechts die Treppe aufsteigen (Abb. S. 73). Man musste beiseite treten und sich wieder nach hinten wenden, um hinaufzukommen. Vor der Rückwand angelangt, musste man sich von der Mitte wegdrehen. Nun ging es zwischen Wänden weiter. Schlüter hatte durch die Treppenaugen breite vielfach gegliederte Pfeiler aufstellen lassen, die hohl waren und nichts trugen (Abb. S. 76). Sie waren teils gemauert, teils bestanden sie aus stuckierten Holzpaneelen. Um diese Pfeiler herum also stieg man weiter. Der 3. Lauf ging auf die Fensterwand zu, im Obergeschoss wiederholte sich das.
Man hatte Übersicht, verlief sich nicht. Der Mittelraum, 15 m hoch, gab Einblick von der Treppe in die Rampe und umgekehrt. Schwache Stellen hat Schlüter mit lebensgroßen Figuren besetzt. Mit bewundernswürdiger Entschlusskraft hat Schlüter die hochelegante Räumlichkeit des Rampenhauses von 1703 aufgegeben und die Anlage nun, wenn schon nichts anderes übrigblieb, dann eben laut und derb genommen (Hans Junecke: ‚Es war schrecklich'). Die Wirkung war großartig, aber gewaltsam.
Ob Schlüter die schweren, gleichsam dorischen Türrahmungen (Abb. S. 74) an den Enden der Erdgeschossgalerie, vor denen er den Fußboden nun um einige Stufen anheben musste, neu komponiert hat?
Für die neue Fassung der Anlage hat Schlüter neue Stuckplafonds entworfen. Derjenige über den räumlich fast intimen Antritten von Treppe und Rampe (Abb. S. 74) war von besonderer Delikatesse (ein Exemplar ist abgegossen oder abgenommen worden und erhalten). Über den Wendepodesten an der Rückwand und den ersten Läufen des Obergeschosses, wo die Stucke dem Blick aus größerer Entfernung ausgesetzt waren, hat Schlüter sie einfacher genommen, vgl. Abb. S. 75/76.
Im Treppen-Rampensaal waren die Säulen rot, ebenso die beiden Konsolen, die den Balkon der Schauarchitektur trugen, die ionischen Friese rot in rot bemalt, rot in rot gemalt auch die Plafonds über den 2. Läufen von Treppe und Rampe im Erdgeschoss. Die Wandfüllungen waren hellgrau marmoriert, die Wände hellgrau gestrichen. Die ursprüngliche Kannelierung der Pfeiler ist vermutlich unter Friedrich Wilhelm II bei der Aufarbeitung des Ganzen in Stuckmarmor zugestrichen worden.

Raum 814 (siehe Grundriss Abb. S. 85). 26 x 8,50 m, Höhe 10,50 m. Der Schweizersaal lag über dem offenen Teil des Rampenhauses von 1703, gehört entwurflich damit zusammen, und ist deswegen Teil von Schlüters Veröffentlichung des Rampenhauses Abb. S. 62/63. In den vorderen Saalecken hatte Schlüter Podeste für Standbilder in die ringsumlaufenden Bänke der Schweizergarde eingeschoben, unter denen die Decke des Rampen- und späteren Treppenraumes den Fußboden des Saales durchstieß. Die Kröpfungen der Pilastergliederung an den Langseiten des Saales erinnern ein wenig an die Fassaden des Zeughauses Abb. S. 149.

Für die sehr laute Fassung des Treppen- und Rampenhauses von 1704 hat Schlüter den Schweizersaal sozusagen nachgerüstet, indem er die Pilasterordnung des Saales von 1703 in eine Kolossalordnung umgewandelt hat: er teilte die Wandfelder in ein Voll- und ein Halbgeschoss. (An der Fensterwand war dies nicht möglich). Dazu änderte er die Türbekrönungen, die er doch wohl schon nach dem veröffentlichten Plan ausgeführt hatte. Die Halbrundgiebel der ersten Fassung bezogen sich auf das Appartement der Königin, vgl. Rotes Zimmer, siehe S. 97.
Die großen Figurengruppen über den Haupttüren hat Schlüter nicht mehr ausführen können. Der Saal fiel unfertig in die Hände Eosanders, der die Decke entworfen hat. Eosander hat den Fries über den drei mittleren Achsen der Langseiten, die Schlüter als Risalit vorgekröpft hat, in drei Teile geteilt, um der Gliederung die Kraft zu benehmen. Auch die Kamine und die Ausmalung der Halbgeschoss-Füllungen dürften auf ihn zurückgehen. Die letztere ist in meiner Zeichnung Abb. S. 79 weggelassen. Die weiteren Abbildungen S. 80/81 hat Erich Konter 1979 gezeichnet. Abb. S. 80 zeigt die Rückwand mit der Kolossalteilung nach 1704 und einem oberen Wandfeld mit der Ausmalung nach Eosander. In der Zeichnung der Fensterwand Abb. S. 81 müssten die 2. bis 4. Fenster bis auf die Pilasterbasen hinabreichen und 7 Scheiben übereinander haben, wie neuerdings bekanntgewordene Fotos ergeben.

An der Stadtseite verstellte der Dom (die ehemalige Dominikanerkirche) den Vorhof fast ganz, bis auf dessen Stadtportal, das Schlüter in barocker Form schon vorfand. Er gedachte dieses etwas zu übergehen und auf der anderen Seite der Fassade zu wiederholen, siehe Abb. S. 23 und S. 25, ist aber nicht dazu gekommen. Auch die Brunnen vor den Eck–Rundungen blieben unausgeführt.
Am Lustgarten war der Vorhof zum Teil von allerhand Nebengebäuden verstellt (siehe Abb. S. 43 und S. 49). Über diese hinweg wäre die Kolonnade, die nach Schlüters Modell rings um den Vorhof zum kurfürstlichen/königlichen Kirchenstuhl führen sollte, zu sehen gewesen.
1702 wurde der Ausbau des Münzturmes begonnen, der die Kolonnade verdrängte und nun die Ausdehnung des Vorhofes über die Nebengebäude hinweg darstellte.
Der Apothekenflügel, an dem die Gartenfassade links (östlich) endete, sollte auf zwei Stock heruntergesetzt werden. Dann wäre der Flügel mit der Kabinettwohnung (Logement, Winterkammern) des Königs, der etwas vortretend den Lustgartenflügel verlängerte, vom Garten her sichtbar geworden. Zu der Änderung des Apothekenflügels ist es aber nicht gekommen.
Den Hof stellte Schlüter 1703 auf die Cour-d' Honneur-Form um. Mit dem Neubau von Wendelrampe und -treppe wurde die Spreeseite Eingangsfassade, Garten– und Stadtseite mit Tessins Treppenhäusern wurden zu Seitenflügeln. Der Flügel zwischen Vor- und Haupthof sollte auf zwei Stock heruntergesetzt werden, sodass der Ehrenhof schon vom Vorhof zu sehen gewesen wäre. Die geschwungene Form ist einem jüngeren Grundriss entnommen; sie sollte die außermittige Stellung des großen Rampen-/Treppenhauses unkenntlich machen. Die Schweifung hätte auch zum Vorhof hin wiederholt werden müssen, um die unterschiedlichen Längen von Stadt- und Gartenflügel unkenntlich zu machen. Zu der Änderung des Flügels zwischen den Höfen ist es aber nicht gekommen.

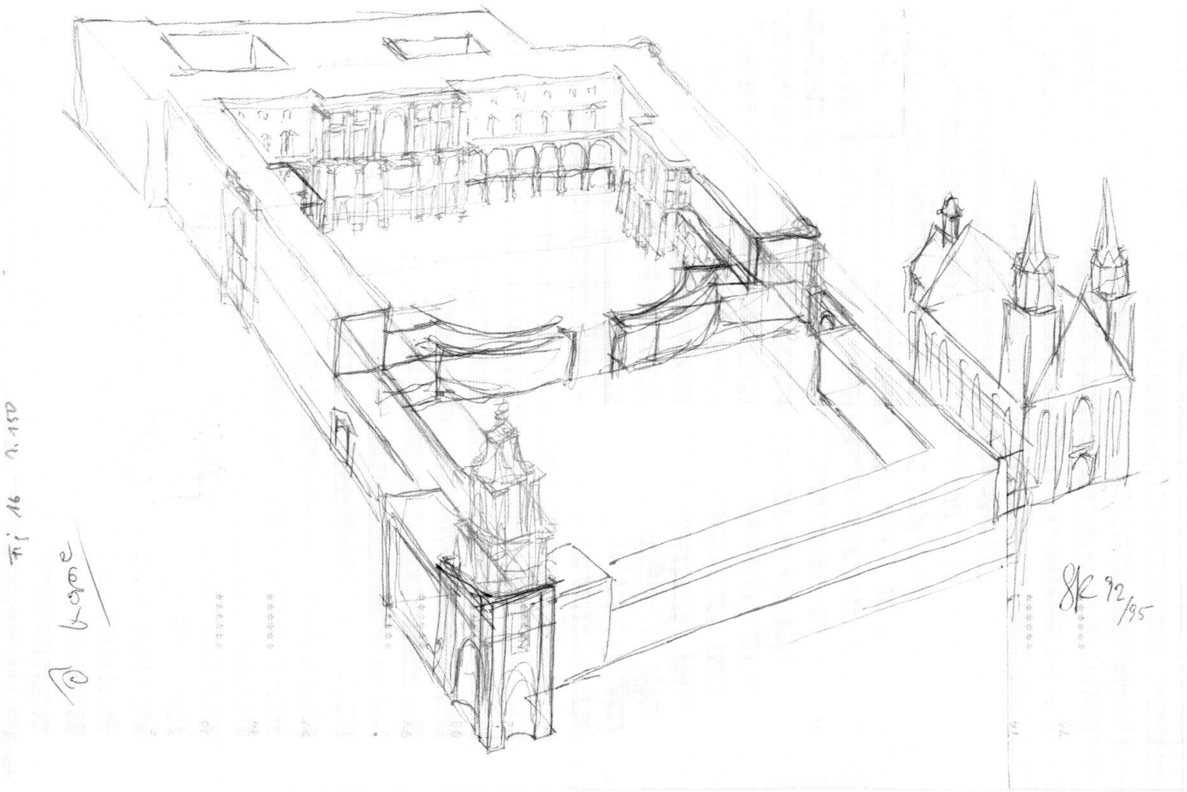

Für die Erhebung zur Königsresidenz hatte Schlüter den Innenausbau des Schlosses auch im Altbau völlig zu erneuern. Dort sind die Räume zu verschiedenen Zeiten einzeln ausgeführt worden (S. 17-21, 32-39, 87-107, 139 und 142f.). Ein zeitlicher und entwurflicher Zusammenhang besteht aber unter den Zimmern der Königin (S. 92-97), weil durch diese im Mai 1701 der Einzug von der Krönung gegangen ist. Die Räume im neu aufgestockten Lustgartenflügel (S. 108-137 und 140) waren in einem entworfen und ausgeführt. Hier bezogen sich die Dekors von Zimmer zu Zimmer enger aufeinander.
Erhalten waren vor allem zwei Dutzend Decken, ungerechnet die Plafonds in Korridoren und Treppenhäusern, von denen hier nur der kunstvollste in Umzeichnung gegeben ist (siehe Abb. S. 74). Unter die großen Plafonds reihen sich auch die Decken von Vestibül und Gartensaal (S. 37-39), weil diese Räume, von ähnlichen Maßen, dem Entwurf gleiche perspektivische Bedingungen boten. Eine besondere Gruppe machten die Sammlungskabinette (S. 134-137 und 140/141). Diese waren fast nur halb so hoch; Schlüter hat sie in Anlehnung an die ältere Mode – den sog. Akanthusbarock – dekoriert.
Die Wände wurden, je näher die Benutzung der Zimmer einem Wohnen kam, desto weniger architektonisch gegliedert. In Vestibül, Treppenhäusern, Sälen, Kapelle und Sammlungskabinetten waren Pilaster, mindestens Lisenen stuckiert; Vorzimmer, Schlafzimmer und Grand Cabinets hatten Hautelisse und Samt im Wechsel. In den beiden Vorzimmern zuseiten des Rittersaals hatte Schlüter zwar Pilaster gestellt, diese aber mit Hautelisse beschlagen lassen.
In allen Staatszimmern standen Flügeltüren aus Nussbaum mit hoher mittlerer Füllung zwischen etwa quadratischen Kopf- und Sockelfüllungen: Basis – Schaft – Kapitell. Die Füllungen hatten Auskröpfungen an allen Ecken. Die Türgewände waren Stuck marmoriert, siehe S. 123.
Für diejenigen, die Fotos der Zimmer beiziehen, habe ich auch Angaben u.a. zum Erhaltungszustand beigegeben, denen hier keine Zeichnungen entsprechen.
Die Zeichnungen der Decken können wegen der Ausrundung ihres Anschlusses an die Wände nicht geometrisch korrekt sein. Die Decken sind aber, wie eingangs schon gesagt, ungefähr in ihrem Größenverhältnis untereinander dargestellt (einschließlich der Decken in Schlüters anderen Bauten). Die Maßzahlen sollen nur einen Anhalt für die Größe der Zimmer geben, sind nicht genau.
Die Dekors sind hier chronologisch aufgereiht.
Die Raum-Nummern sind diejenigen der letzten Inventar-Grundrisse (1933).

Lit.:

G. P./Wiesinger, Liselotte: Das kgl. Schloss zu Berlin III: Die barocken Innenräume. München/Berlin 2001.

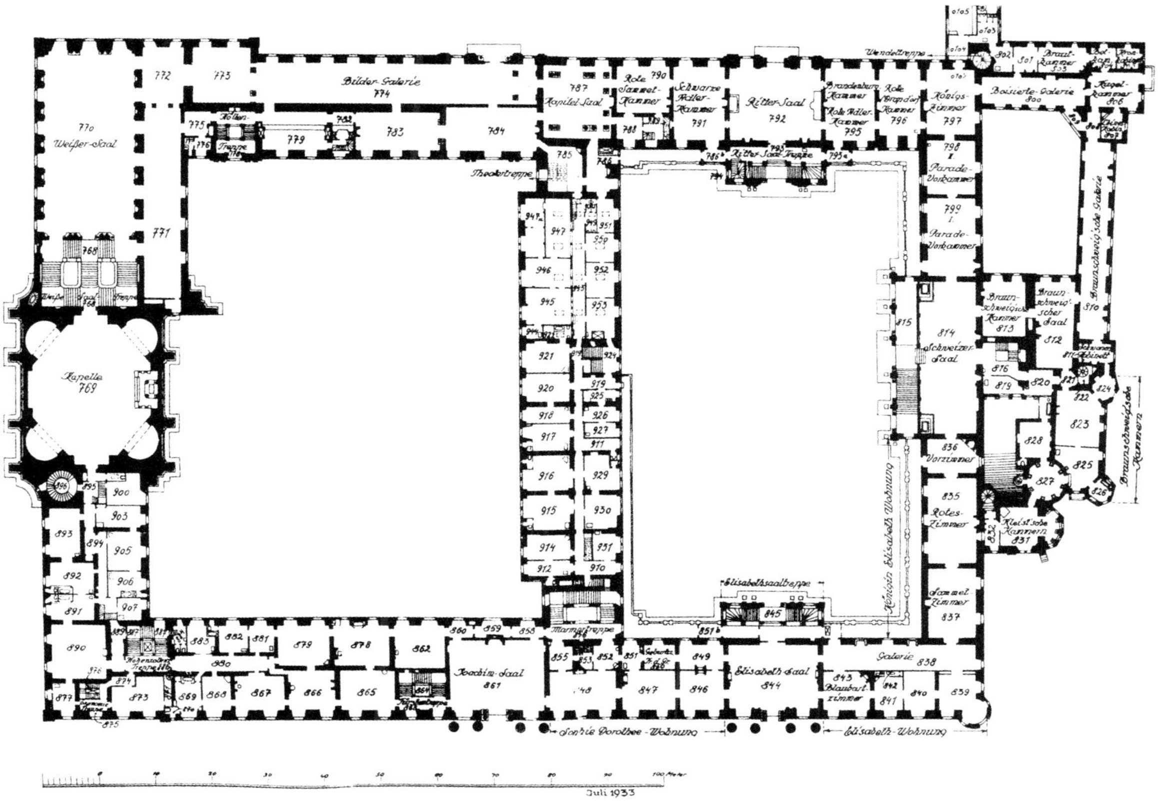
Bilder-Galerie
Weißer Saal
Kapelle
Rote Sammet-Kammer
Schwarze Adler-Kammer
Ritter-Saal
Königs-Zimmer
Boiserie-Galerie
Parade-Vorkammer
Schweizer-Saal
Rotes Zimmer
Kleist'sche Kammern
Sammet-Zimmer
Elisabethsaaltreppe
Marmortreppe
Joachim-Saal
Elisabeth-Saal
Galerie
Sophie Dorothee-Wohnung
Elisabeth-Wohnung
Juli 1933

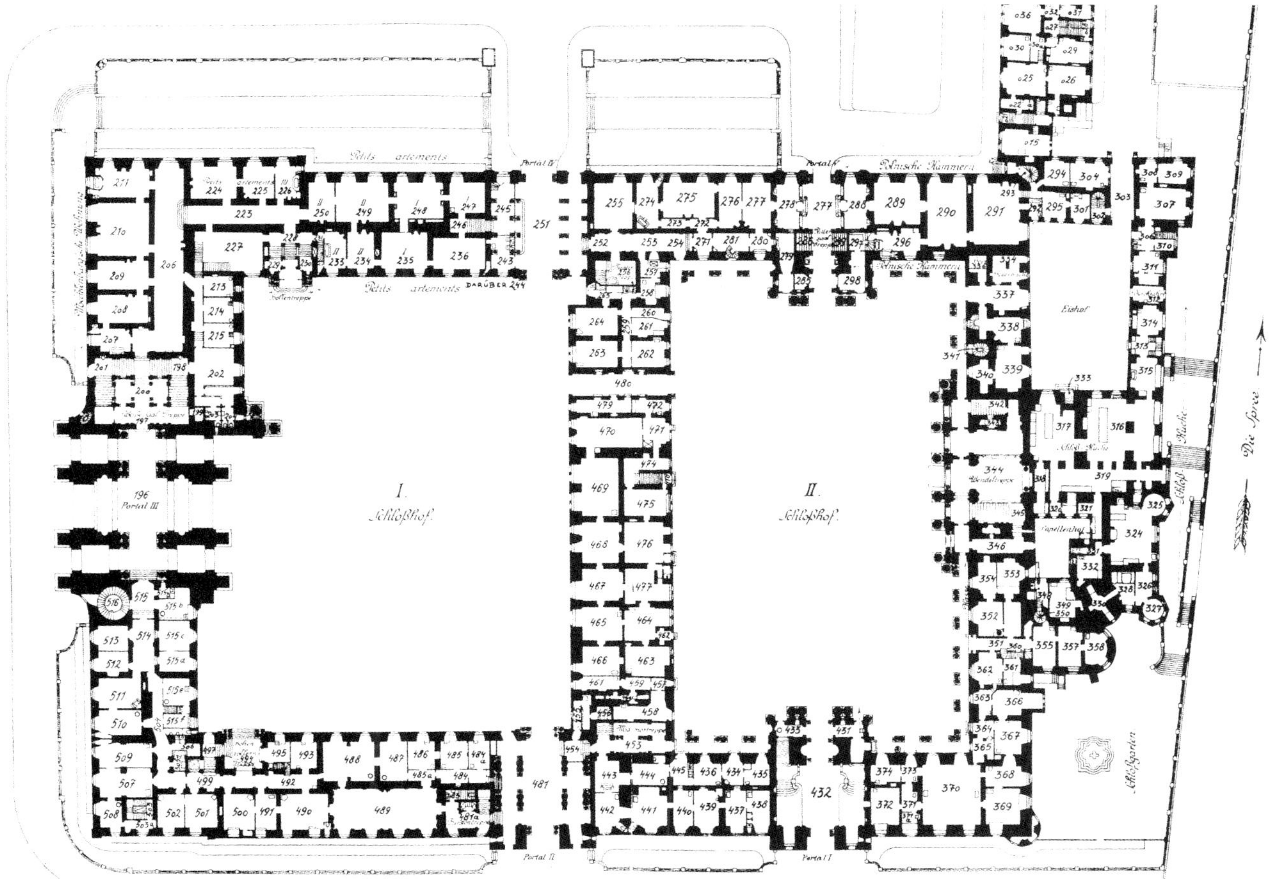
Portal IV
Portal V
Portal III
Portal II
Portal I
I. Schloßhof
II. Schloßhof
Eishof
Die Spree
Schloß-Küche

Raum 798. 9,50 x 8,50 m. Höhe 6,25 m. 1700 oder eher, 1701, 1705/06? Name alt. Das Zimmer diente dem König als tägliches Speisezimmer. Zumindest als er Witwer war, hat er hier mit seinen Halbbrüdern, Sohn und Schwiegertochter gespeist.
Das Deckenbild hat Augustin Terwesten höchstwahrscheinlich als Präsentationsstück zum Einzug des Königs von der Krönung gemalt; es ist 1701 datiert. Die Stuckrahmung, von Schlüters Vouten in den Paradekammern die altertümlichste, datiert 1700 oder eher und ist zum Einzug über den breiten Seiten mit den Königs-Wappen versehen worden. Für Terwestens Arbeit musste ohnehin eingerüstet werden. Die Eckgruppen, von denen eine das Königtum allegorisiert, sind auch nachträglich eingebracht, scheinen aber im Stil später als 1701. Die Skizze der Decke zeigt, was 1701 mit Sicherheit ausgeführt war. Die Altärchen siehe Abb. S. 89 mit den vergoldeten Bildern darüber und die großen Figuren daneben mögen 1705/06 über die Eckmuscheln gesetzt worden sein, als Schlüter in den Nachbarzimmern stuckieren ließ. Auch die Supraporten (Abb. S. 88), offensichtlich die spätesten von Schlüters Supraporten in den Paradekammern, dürften 1705/06 gemacht sein.
Die marmorierten Tür'gestelle', die nussbaumnen Türblätter und das Paneel waren aus der Zeit. Das Zimmer war damals mit rotem Samt ausgespannt.

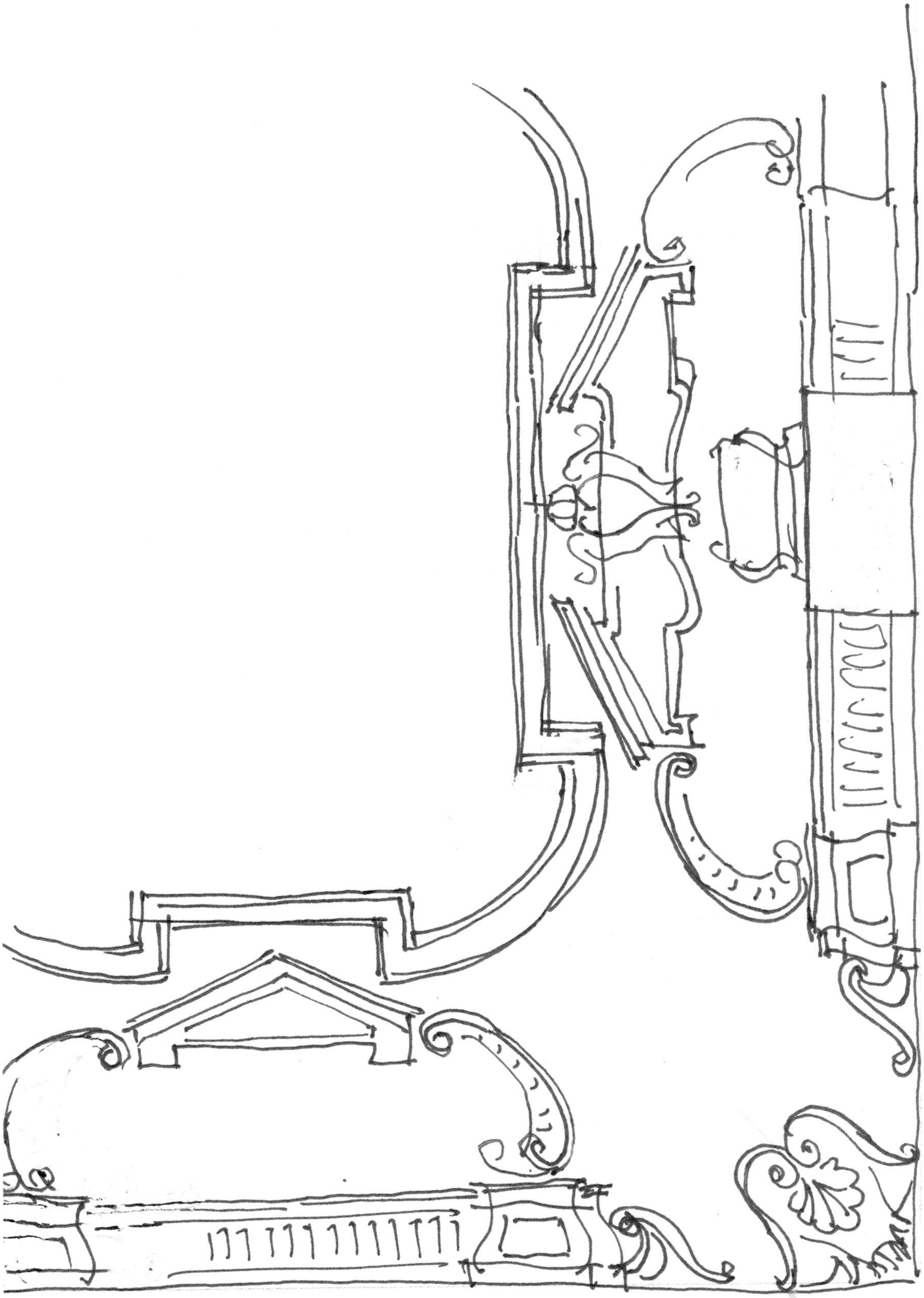

1706

Raum 847. 9,25 x 7 m. Höhe 6,25 m. 1700. Name G.P. Bei Geyer II S. 58 die historischen Namen erklärt. Am häufigsten „Prinzeß Marie-Kammern, mittleres Zimmer". Nachdem entschieden war, dass Kurfürst und Kurfürstin (demnächst König und Königin) entgegen der Planung Tessins in ihren Appartements bleiben würden, wurde in diesem Teil des Stadtflügels doppeltes Appartement ausgebaut. Die Zimmer des Kur- bzw. Kronprinzen waren um das Maß der Kabinettreihe daneben kleiner.
Die Decke gehört zu der älteren Gruppe von Decken Schlüters mit regelrechtem Bilderrahmen. Ausgeführt ist sie jedenfalls vor 1703, dem Datum des Deckengemäldes.
Die Enfilade, bestimmt durch den Elisabethsaal, lag nicht genau in Wandmitte. Schlüter hat das mit großen Figuren vor der Attika ausgeglichen (nicht gezeichnet).
Die schlichte Sockeltäfelung, Türrahmen und Supraporten–Rahmen entsprachen denjenigen in den Parade-Vorkammern. An den Türblättern ließ Schlüter die Füllungen ohne Kröpfungen. Die Schlagleisten und Kehlstöße sind erst unter Wilhelm II. beschnitzt und vergoldet worden.

Raum 843. 8,50 x 7 m. Höhe 6,25 m. 1700. Name 1873. Vorzimmer zum Saal der Kurfürstin/Königin, dem ‚Oranischen Saal'. Ehemals lagen neben dem Blaubartzimmer zum Hof hin zwei Kabinette für die Bedürfnisse der männlichen und weiblichen Gäste. Nach dem Tode der Königin 1705 und der Heirat des Kronprinzen 1706 wurde der Oranische Saal in Salons geteilt, das Blaubartzimmer Vorzimmer des Kronprinzen, der seine bisherigen Zimmer seiner Gemahlin abtrat. Zu Zeiten der Königinnen Elisabeth Christine und Elisabeth Lodovica war das Zimmer geteilt, die Decke abgehängt. Die Kabinette wichen einem Verbindungsflur. Nach dem Tode der Elisabeth Lodovica 1873 ließen Kaiser Wilhelm I. und Kaiserin Augusta das Zimmer wieder herrichten, nun als Herrentoilette. Daher der Name, bezogen auf das Märchen vom Ritter Blaubart.
Schlüter hat das Zimmer für den Einzug von der Krönung nicht ganz fertigstellen können. Über den Türen fehlen Supraporten, im Deckenstuck fehlt der schwere runde Gemälderahmen, den er offensichtlich vorgesehen hatte. Das Deckengemälde bezog sich auf die Königin, gehörte also zu Schlüters Disposition. Nach Schlüters Sturz hat Eosander die ‚Tragebögen' Schlüters langweilig und perspektivisch falsch verdoppeln lassen (nicht gezeichnet). Auch die Ädikulen in der Mitte der breiten Seiten sind offensichtlich Eosanders Entwurf. Darüber die Wappen Kaiser Wilhelms I. und der Kaiserin Augusta (nicht gezeichnet). Wandstuck und eiserne Wendeltreppe aus deren Zeit hat die Schlösserverwaltung um 1925 entfernt.

Raum 835. 14,75 x 8,50 m. Höhe 6,25 m. 1700. Zweites Vorzimmer der Staatswohnung der Königin Sophie Charlotte, deren Logement hier anschloss (zuletzt Tapetentür rechts neben dem Kamin). Das Zimmer wurde als Speisezimmer (?) und als Empfangszimmer (Grand Cabinet) gebraucht. Empfangszimmer noch der Königinnen Elisabeth Christine und Elisabeth Lodovica.
Die Entwurfszeichnung Schlüters für den Stuck der architektonischen Rahmung der Decke findet der Leser auf der Rückseite des Titelblattes.
Die Zeichnung kann wegen der Krümmung der Voute nicht in jedem Verhältnis mit der Ausführung übereinstimmen. Derjenige, der die Zeichnung auf die Decke übertrug, musste in der Voute ausmitteln, z.B. sind die großen Rahmen höher gezogen. In denjenigen an der Schmalseite ist in Schlüters Zeichnung schon die Stuckgruppe einskizziert, die der Nordseite zugeteilt war. In der Skizze weht das Tuch vom Haupte der Priapsherme weit nach der Mitte hin, ausgeführt ist es ganz knapp. Das Gesims war mit unterschnittener Traufleiste ausgebildet; in der Zeichnung liegt es auf sich vorstufenden Profilen. Wie vielmals zu beobachten, hat Schlüter noch während der Ausführung „gefeilt".
Guido Hinterkeuser hat die Zeichnung in dem Klebeband von Henry Reetz identifiziert und 2003 publiziert, allerdings dem Maler A. Terwesten zugeschrieben, ohne Begründung, wie Kevin Kandt bemängelt. In der Tat verfügte Terwesten nicht über eine Stuckwerkstatt. Er hat die Malerei zwischen den Stucken ausgeführt und 1702 signiert.

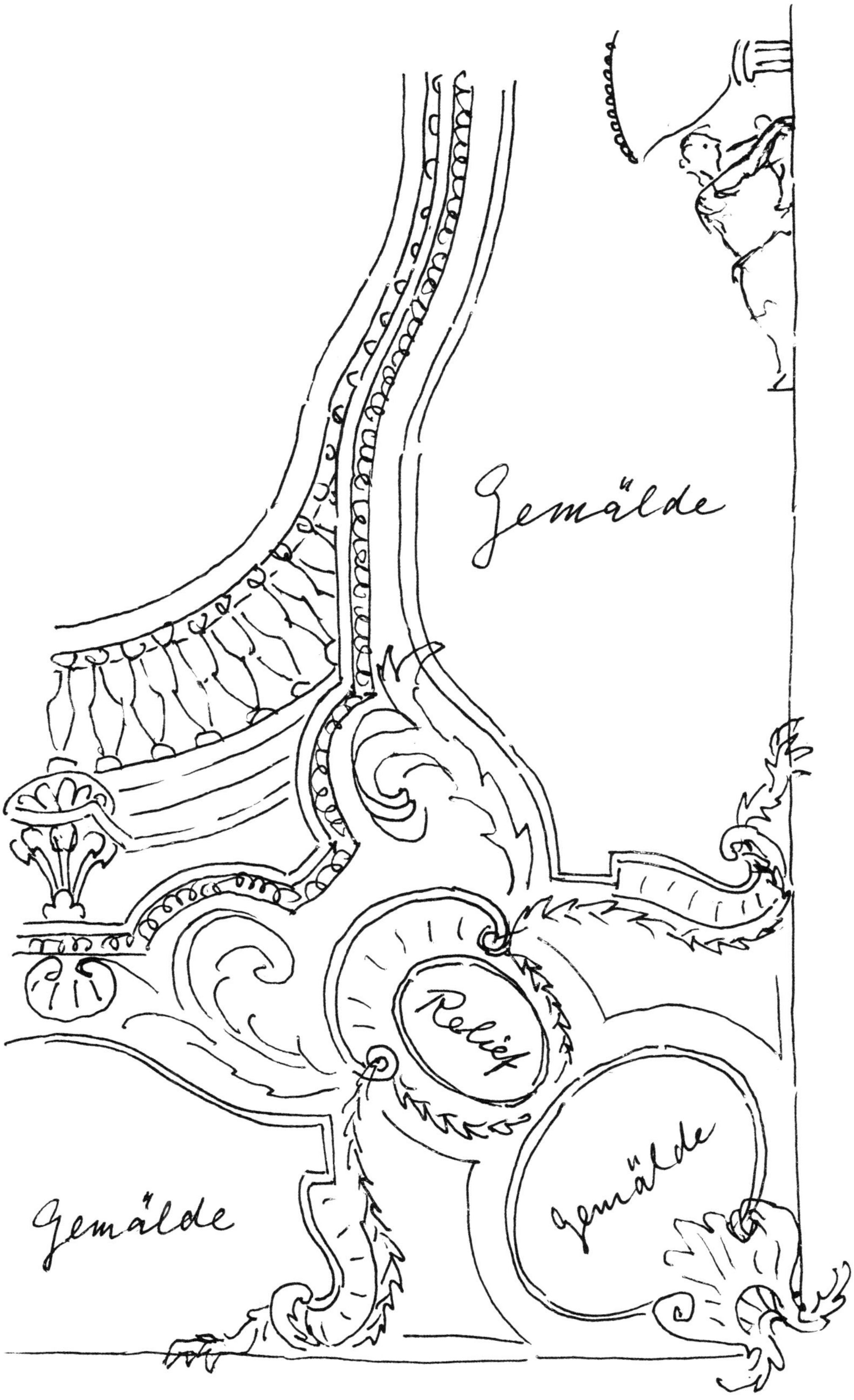
Gemälde
Relief
Gemälde
Gemälde

Hier und im benachbarten Samtzimmer hatte Schlüter segmentbogige Giebel über die Türen gesetzt, offenbar weil im Samtzimmer und vermutlich auch im Oranischen Saal die Decken flach, ohne Voute, waren, sodass sich der Abstand vom Türsturz zur Decke übermäßig groß ergab. Segmentbogige Giebel hat er noch 1703 für den Schweizersaal vorgesehen, siehe Abb. S. 62/63. Die Muschel-Kompositionen, die er in allen Paradezimmern über der Aufkröpfung der Türstürze angebracht hat, passten auch unter diese Giebel und sind wohl zuerst für diese Stelle entworfen.
Die Reliefs in den Deckenzwickeln waren Bozzetti für die Reliefs an den Kaminen des Rittersaales, wie Ladendorf beobachtet hat. Die Stuckierung reagierte auf die sehr längliche Form des Zimmers mit drei Fenstern zum Hof. Die Ausmalung der Voute hat Terwesten 1702 datiert.
Für Elisabeth Christine hat man aus dem Gesims Schlüters Blattwerk herausgenommen, neues Paneel gestellt und die ursprünglich marmorierten Türgewände weiß gestrichen. Der Raum atmete dadurch die Großzügigkeit des Rokoko. Auch für Elisabeth Lodovica Änderungen der Fassung, z.T. von der Schlösserverwaltung wieder beseitigt.

Lit.:
Hinterkeuser, Guido: Das Berliner Schloss. Der Umbau durch Andreas Schlüter. Berlin 2003.
Kandt, Kevin E.: „Le bon gout" Andreas Schlüter and the Use of French Ornament Prints for Interiors at the Berlin Royal Palace (1698–1706). In: Aus Hippokrenes Quell. Ein Album amicorum kunsthistorischer Beiträge zum 60.Geburtstag von Gerd–Helge Vogel. Berlin 2011.

Raum 291. 11 x 8 m. Höhe 6,75 m. 1700. Name nach August dem Starken, König von Polen, der 1728 hier als Gast gewohnt hat.
Die Suite, im kühlen Erdgeschoss gelegen, diente König Friedrich I. zur Sommerwohnung. Ein besonderer Arm der Rittersaaltreppe führte in ein Stückchen Korridor vor dem Vorzimmer hinab. Über der Korridortür eine auffällige Supraporte, in welcher Stuckplastik versus Grisaillemalerei thematisiert war, von Schlüter in die Flurarchitektur Grünbergs/Tessins eingesetzt (vgl. Abb. S. 21).
Die Vorkammer dürfte Eosander ausgestattet haben. Vielleicht hatte der angehende König zwischen diesem und Schlüter einen Wettbewerb veranstaltet.
Über dem Schlafzimmer lag eine Spitztonne (wohl als Panzergewölbe vom Grafen Lynar gegen 1600 eingebaut), die besondere perspektivische Bedingungen bot. Alle anderen Zimmer hatten Spiegelgewölbe. Die Decke lässt sich keiner Gruppe zuordnen; am ehesten ähnelt sie derjenigen des Rittersaals.

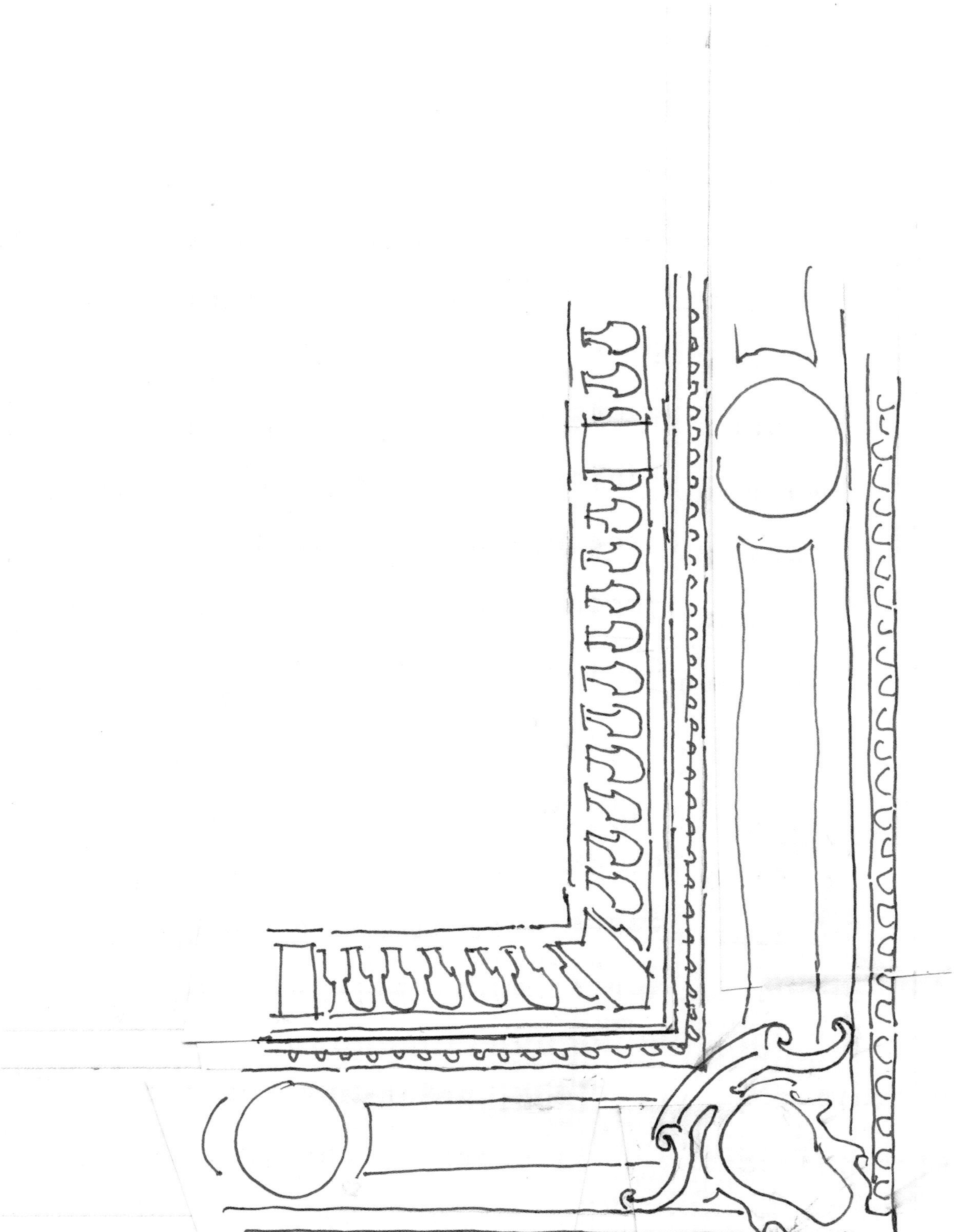

Raum 796. 7,50 x 12 m, Höhe 6,25 m. Anfang 1701. Der Name 19. Jahrhundert. Grand Cabinet für Privat-Audienz, Geheimen Rat, Tabakskollegium.
Präsentations-Stück von Schlüters Stuck- und Schnitzwerkstatt zum Einzug von der Krönung, wie die Stadtfassade das Präsentationsstück seiner Steinmetz- und Bildhauerwerkstatt war. Das Zimmer ist zwischen der Abreise des Kurfürsten am 17. 12. 1700 und seiner Rückkehr als König am 6. 5. 1701 ausgestattet. Die Verspiegelung der Deckenkuppel, in den Voutenecken, Fensterleibungen und im Kaminsims bedeutet Weisheit im Rat. Kabinette wurden nur in Gegenwart des Hausherrn betreten. Die Kuppel bedeutete einen Baldachin für ihn.
Die Barockarchitekten hatten die Hofwand hier aufgefüttert, um die Flucht zu egalisieren. Daher stand das Zimmer unsymmetrisch zu den Enfiladen des Lustgartenflügels. Schlüter hat die Zwickel zwischen den ‚Tragebögen' und der ‚Kuppel' verschieden groß genommen, damit ‚Kuppel' und Mittelstücke der Voute gleichmäßig zu den Türen zu sitzen kamen. Die Perspektivzeichnung erfasst den breiteren Zwickel, die Deckenuntersicht den schmaleren.
Die Supraporten (Abb. S. 102 oben) scheinen die ersten gewesen zu sein, die Schlüter ausgeführt hat; sie sind noch nahe am „Akanthus-Barock". Im Roten Zimmer und im Samtzimmer der Königin hatte er Rundgiebel über die Türen gesetzt. Er hat die Coretti-Form der Supraporten der Drap d'Or-Kammer nicht wiederholt.
Mit dem Kamin ist Schlüter einem Entwurf gefolgt, den der angehende Hofarchitekt Eltester präsentiert hatte und den der Kurfürst und demnächstige König ausgeführt zu sehen wünschte. Schlüter hat den Entwurf ein wenig überarbeitet, die Super-Cheminée allerdings völlig anders gestaltet.
Die Tür'gestelle' waren hier ausnahmsweise aus massivem Marmor. Das aus Planken gebildete Sockelpaneel mit geschnitzten Appliken als Pfeilern und à trompe l'oeil gemalten Füllungen (Abb. S. 102 unten) übertraf das übliche Paneel an Kostbarkeit bei Weitem. So auch die verspiegelten Fensterleibungen (Abb. S. 103) und Pfeilerspiegel (Abb. S. 104) mit geschnitzten Spangen über den Spiegelfugen. Der Pfeilerspiegel dürfte nach unten verlängert worden sein, als Eosander in den Paradekammern Französische Fenster einführte.
Das Zimmer war damals mit rotem Samt ausgespannt.

Raum 804. Name des Zimmers ursprünglich. Höhe des Kamins bis Oberkante Gesims, ohne Giebel 4,18m, Breite 1,53 m. 1701.

Die Kurfürstenzimmer, eingerichtet gegen 1680, waren das Logement des Großen Kurfürsten und dann seines Sohnes Kurfürst/König Friedrichs III./I. Zur Königskrönung wurde die alte Ausstattung hier und da auf den neuen Rang abgestimmt, in der Betkammer durch einen neuen Kamin.

Kaminaufsatz Nussbaum, Spiegelrahmen und Taburett mit Krone auf Präsentierkissen, Wappen, Putten und Vasen vergoldet. Der Sockel unter dem Taburett verspiegelt. Taburett samt Krone usw. nur halb ausgearbeitet, durch die Spiegelung im großen Mittelspiegel ergänzt. Die etwas schräggestellten seitlichen Spiegel sorgten für interessante Verwirrung.

Raum 792. 16 x 13 m. Höhe 9,75 m. 1700/1702. Name ursprünglich.
Festsaal des Königs. Der Name bezieht sich auf die Ritter des zur Krönung gestifteten Schwarzen Adler-Ordens.
Der Saal, mit den Vorzimmern beiderseits, Schlafzimmer und Kapelle auf den Lustgartenflügel aufgestockt, stand zum Einzug von der Krönung noch nicht zur Verfügung.
Vor Schlüters Umbau haben die Kamine genau wie im Elisabethsaal (Abb. S. 33/34) an den Schmalseiten gestanden; er ließ sie an die breite Innenwand versetzen (Abb. S. 110). Wie im Elisabethsaal hat Schlüter im mittleren Fenster beiderseits zwei Säulen in der Wanddicke hintereinander gestellt.
Das Silberbuffet gegenüber dem Thron hat Eosander entworfen.
Der silberne Trompeterchor aus der Zeit Friedrich Wilhelms I. hat vermutlich einen Vorgänger nach Schlüters Entwurf verdrängt.
Die Türstöcke und Kaminrahmen, ursprünglich Stuck, sind um 1790 gegen solche aus Marmor ausgetauscht worden. Die Appliken an den Enfiladetüren datieren gegen 1850. Damals ist auch am Silberbuffet geändert worden.
Die Farbfassung des Saals war Gold bzw. gelb (Sonne, König) und Silber bzw. weiß (Mond, Königin).

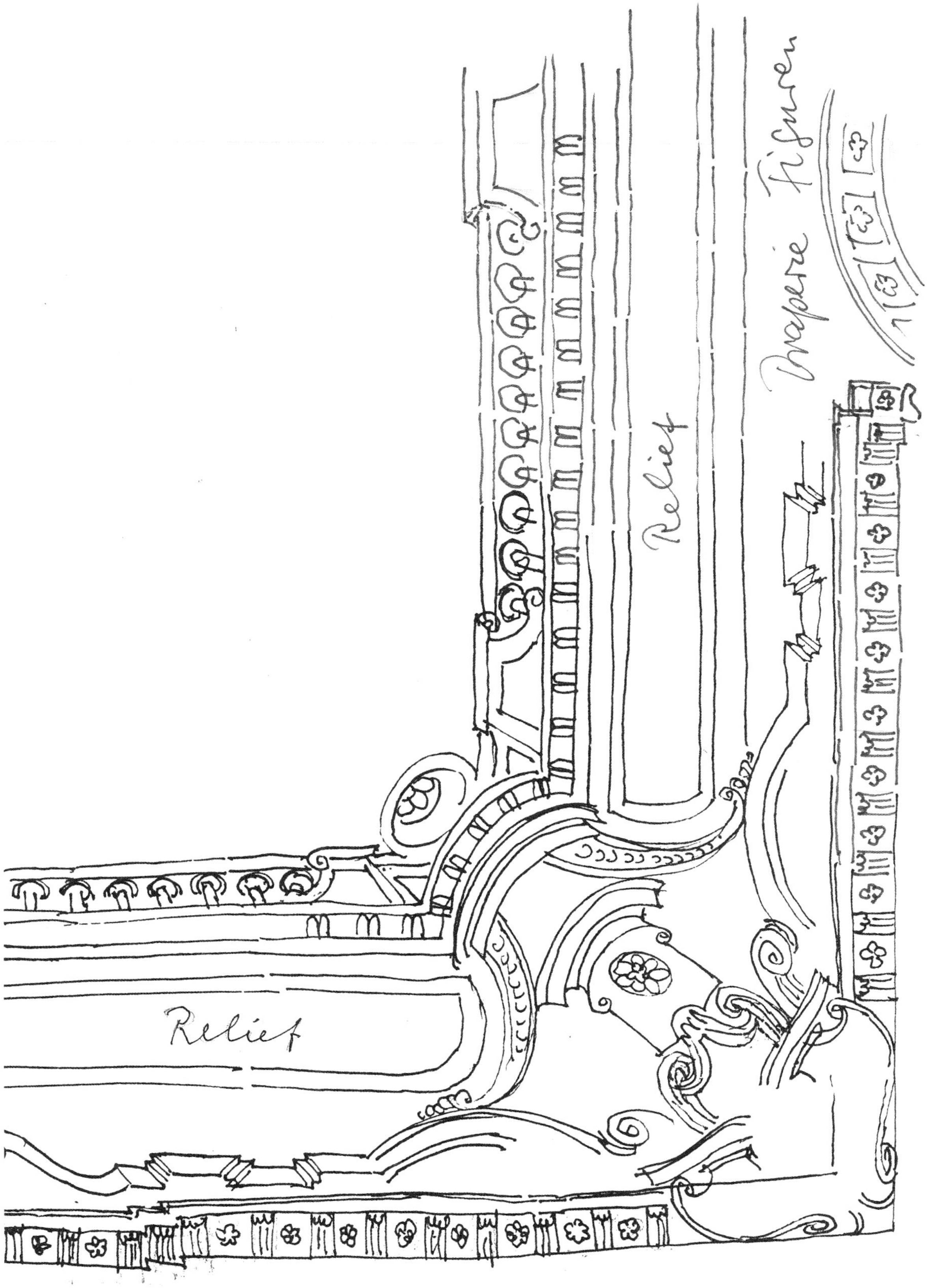
Relief
Relief
Draperie Figuren

Raum 795. 13 x 8,50 m. Höhe 6,25 m. 1701/02. Der Name Brandenburgische Kammer 1798 von Friedrich Wilhelm III. Friedrich Wilhelm IV. widmete das Zimmer dem Roten Adler, dem kleineren Preußischen Hoforden aus dem 18. Jahrhundert. Vorzimmer neben dem Rittersaal (S. 108), das mit der Drap d'Or-Kammer (S. 100) zusammengeschaltet eine Audienzsuite machte. Dem Vorzimmer an der anderen Seite des Rittersaals, der Schwarzen Adler–Kammer (S. 116), in der Wandgliederung gleich. Trotz der eingewinkelten Eckpilaster keine weiteren Pilaster an den Fensterwänden. Im Laub der korinthischen Pilasterkapitelle (Abb. S. 114) die königlichen Initialen F(ridericus)R(ex), ein Adlerschild, und unter den Kapitell-Ecken Sterne des Schwarzen Adler-Ordens, die, weil vergoldet, später auf den Roten Adler-Orden bezogen werden konnten. Die Wände, einschließlich der Pilaster, ursprünglich mit besonders für diese Zimmer hergestellten Bildteppichen ausgeschlagen. Supraporten (siehe Abb. S. 118) und Kaminnische (vgl. Abb. S. 122) samt den versilberten Heizvasen gleich in Roter und Schwarzer Adler-Kammer. Die Kaminrahmung hier wie dort Mitte des 19. Jahrhunderts verändert erneuert, Kaminkrönung geändert (in der Zeichnung rekonstruiert). Auch der gekehlte Fuß der Heizvasen, die Appliken an den Türen und der Damast mit eingewebten roten Adlern aus dieser Erneuerung.

Für das Zimmer eigens entworfen die geschnitzten Fensterleibungen mit ausgemalten Medaillons, das Gesims und die Decke. In der Deckenrahmung Wechsel von Stuck und Malerei: die Pergola übereck war gemalt.

Lit.:

Evers, Susanne: Tapisserie und Architektur. Zur Wanddekoration in Paradekammern Andreas Schlüters im Berliner Schloss. In: Architektur und Figur. Das Zusammenspiel der Künste. Festschrift für Stefan Kummer zum 60. Geburtstag. Herausgegeben von Nicole Riegel und Damian Dombrowski unter Mitarbeit von Severin Josef Hausbauer. München Berlin 2007.

Raum 791. 13 x 9 m. Höhe 6,25 m. 1701/02. Name um 1850. Der Name bezieht sich auf den 1701 gestifteten Kronenorden.
Vorzimmer zur Roten Samtkammer (S. 120), dem Parade-Schlafzimmer.
Wandgliederung, Supraporten (Abb. S. 118), Kaminnische samt Heizvase wie in der Roten Adler-Kammer (S. 112), ebenso die Änderungen aus der Mitte des 19. Jahrhunderts, nur dass hier schwarze Adler in den Damast der Wandbespannung eingewebt waren.
Besonders hatte dies Zimmer die verspiegelten Fensterleibungen, das Gesims und die Decke. In diesem Zimmer endete die doppelte Enfilade; daher hat Schlüter die Decke zwischen den Türen nicht so kräftig zentriert wie sonst.

Raum 790. 9,25 x 8,25 m. Höhe 6,25 m. 1701/02. Name 19. Jahrhundert. Paradeschlafzimmer, im Zeremoniell ranghöchster hoföffentlicher Raum.
Von allen Staatszimmern am besten erhalten gewesen: Sockelpaneel (Abb. S. 122), Wandbespannung mit rotem Samt, Kaminrahmen (Abb. S. 122), Decke, Supraporten in der Enfilade (diese von Eosander) und die Türen zu Garderobe und Betkammer nur mit rotem Samt im Feld der Supraporte.
Auch die Fensterleibungen waren erhalten, mit Glaseinsätzen, wohl mit Marmorierungs-Hintermalung, zwischen Metalleisten. Dies hat dem Zeitalter der ‚Materialgerechtigkeit' so missfallen, dass kein Foto davon aufgenommen worden ist – man sieht die Leibungen nur auf einem Foto des Nachbarzimmers durch die offene Tür.
Der Kaminrahmen war aus echtem Marmor und wohl deswegen der klassizistischen Rektifizierung entgangen. Seine ausgestellten Gewände hatten nur noch ein einziges Gegenstück in der Blendtür auf dem vorletzten Podest des Großen Treppen- und Rampenhauses (Abb. S. 70).
Die Heizvase war hier vergoldet. Der Rauchkasten und der Feston waren Bronze. Vor dem Rauchkasten ein bronzener Muschelgiebel, der beiderseits kleine Postamente bot: der König wünschte immer heißes Wasser und Tee-Extrakt zur Hand zu haben.
Dem Sockelpaneel waren die Füllungen aufgemalt. Die Farben: Paneelsockel und -gesims dunkelrot marmoriert, Paneelpfeiler hellblau, Paneelfüllungen rosa, Zwickelfelder blaugrau.
In der Decke stehen über Fenster– und Innenwand die Wappen doppelt, weil an der Innenwand darunter der Baldachin des Bettes gehangen hat. An der Innenseite ist der Gruppe der Wappenhalterinnen ein Greif hinzugesetzt worden, der zu dem Wappen der dritten Gemahlin Friedrichs I. gehörte. Dieser hat der König 1708 anlässlich der Vermählung die Suite abgetreten.
Wie nebenan hatte man um 1850 die Krönung der Kaminnische geändert (nicht gezeichnet) und Appliken auf die Türen gesetzt.

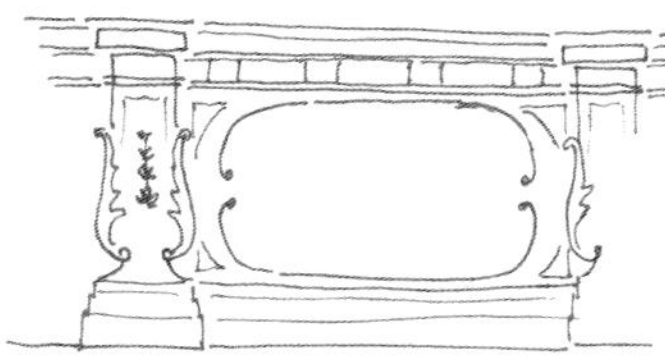

Raum 788. 4,40 x 3,50 m. Höhe 6,25 m. 1701/02. Name alt. Kabinett zur Roten Samtkammer (S. 120), dem Parade-Schlafzimmer. Auch für Privat-Audienz.
Der Raum war nur in Anwesenheit des Königs zu betreten. Daher ist die Schein-Kuppel als Baldachin für diesen zu verstehen. Ihre Verspiegelung mag Weisheit aus der Höhe bedeuten.
Ehemals mit rotem Samt ausgeschlagen.

Raum 789. 4,40 x 3,50 m. Höhe 6,25 m. 1701/02. Name 19. Jahrhundert, als das Zimmer zur Sakristei der Kapelle diente. Angaben und Maße in Peschken/Klünner irrig. Garderobe zur Roten Samtkammer mit dem Treppchen (nur gut 60 cm = 2 Fuß breit) hinauf zu den Kabinetten der Antikensammlung im Mezzanin und zu den Emporen („Chören“) der Kapelle.

Der erste Lauf des Treppchens lag vor dem Fenster. An der Zimmerecke verschwand es hinter einem Verschlag. Der zweite Lauf erreichte bald Türhöhe, sodass man darunter durch in die Betkammer und weiter in die Kapelle gelangen konnte. Vor der Rückwand in halber Höhe und ganzer Breite des Zimmers ein Podest oder eine Galerie, unter dieser Wandschränke. Der vierte Lauf lag wieder vor der Fensterwand. In der Kaiserzeit hat man den Fußboden darüber geschlossen, sodass er in den letzten Grundrissen des Mezzanins nicht erscheint.

Für die Zimmerdecke blieben zwischen den Treppen–Verschlägen nur ca. 3,10 x 2,20 m.

Ganz in dunkler Eiche getäfelt, stellenweise vergoldet.

Raum 787. 13,70 x 14,20 m, Höhe ohne Laterne 9,75 m, mit Laterne 14,50 m. Decke zwischen den Emporen ca, 10,50 x 13 m. 1701.
Wie alle Kapellen in den Schlössern Friedrichs I. zugleich Ordenskapelle des zur Krönung gestifteten Schwarzen Adler–Ordens, unter diesen aber die vornehmste.
In der Planung Tessins sollte die Große Galerie über dem ‚Quergebäude' zwischen den Schlosshöfen verlaufen. Dann wäre die Kapelle Drehpunkt der Suite gewesen – ein zusätzlicher, architektonischer Aspekt ihrer Kuppel mit Laterne (unbeschadet deren Symbolgehaltes). Man darf annehmen, dass Tessins Plan bereits eine überkuppelte Kapelle enthalten hat.
Die Kapelle lag auf der Höhe der Paradekammern. Sie hatte zum Lustgarten drei, nach Westen zu zwei Fenster. Zwischen diesen befand sich der Kanzelaltar, an der Schmalwand gegenüber der Kirchenstuhl von König und Königin, eine überkuppelte Kabine, daneben die Türen zur Roten Samtkammer (S. 120) und zur Betkammer (S. 124), in den Raumecken Kirchenstühle für die Halbbrüder des Königs. Zur Rechten des Königs oder zur Linken des Altars und der Kanzel standen Bänke für die Kavaliere des Hofes, gegenüber für die Hofdamen. Die Galerie im Mezzanin oder Empore war für die ‚familia', die Dienerschaft (zu der auch die Musiker zählten). Vor die Mitte der Schmalseiten-Emporen hat Schlüter sehr große 10-Gebote-Tafeln gesetzt. So konnte niemand sich über den Prediger oder die Königsloge stellen oder auf diese hinabsehen. Vor der Galerie an der breiten Seite nach Süden hing eine Schwalbennest-Orgel.
Die von Schlüter entworfene und gebaute Kapelle wurde am 19. 1. 1702 zum ersten Ordens = Krönungsfest in Benutzung genommen. Ihre Säulen waren aus rot marmoriertem Gipsmarmor; die Kunst, diesen anzufertigen, wird seinerzeit gerühmt. Die Rahmen oder Kartuschen in den Ecken der Decke hatten versilberten Grund zwecks Aufhellung.
1707 versetzte Eosander die Westwand etwa 2 m nach innen, um sein ‚Neues Schloss' anzuschließen. Die Fenster und die Kolonnade vor der Westwand entfielen, es wurden Pilaster auf die Wand gemalt. 1731 hat Friedrich Wilhelm I. im Sinne strengsten Calvinismus' Königsloge und Orgel abbauen lassen. 1787 ließ Friedrich Wilhelm II. die Kapelle durch Bernhard Rode mit religiösen Bildern ausstatten. Der Fond der Fensterleibungen glich demjenigen in der Brandenburgischen Kammer, war vermutlich gegen 1800 danach kopiert. Mit dem Bau von Kuppel und Kapelle Friedrich Wilhelms IV. auf dem Westflügel des Schlosses verlor die nunmehr ‚Alte' Kapelle ihre Bedeutung. 1879 widmete Kaiser Wilhelm I. den Raum zum Kapitelsaal des Schwarzen Adler-Ordens. Die Pilaster an der Westwand wurden nun in Stuck hergestellt, Fries und Supraporten in Stuck ornamentiert.
Die Skizze des königlichen Predigtstuhles und desjenigen eines seiner Brüder (in Abb. S. 131) aus zeitgenössischen Darstellungen und den möglichen Maßen kombiniert.
Die Rahmung der Ovale in den Mezzanin-Ecken (Abb. S. 133) sind ein Beispiel für Schlüters vertrackten Entwurf, der unterhalten sollte.

Lit.:
Beger, L.: Numismata Pontificum Romanorum aliumque Ecclesiasticorum. (Cöln 1704). Daraus der Kupferstich.
Geyer, A.: Zur Baugeschichte des kgl. Schlosses in Berlin I. Der Festsaal des Großen Kurfürsten. Bd. II. Die Kapelle Friedrichs I. Hohenzollern–Jahrbuch 1, 1897, S. 146-175.
Ders.: Geschichte des Schlosses zu Berlin, Bd. II Berlin 1995. S. 95.
Hinterkeuser, Guido: Berlin 1706 und 1708. Die Stadt, ihr Schloss und der Münzturm in Beschreibungen und Zeichnungen des mecklenburgischen Architekten Christian Friedrich Gottlieb von dem Knesebeck. In: Stadtpläne von Berlin. Geschichte vermessen. Berlin 2006.

AVGVSTA. PIETATE NITET

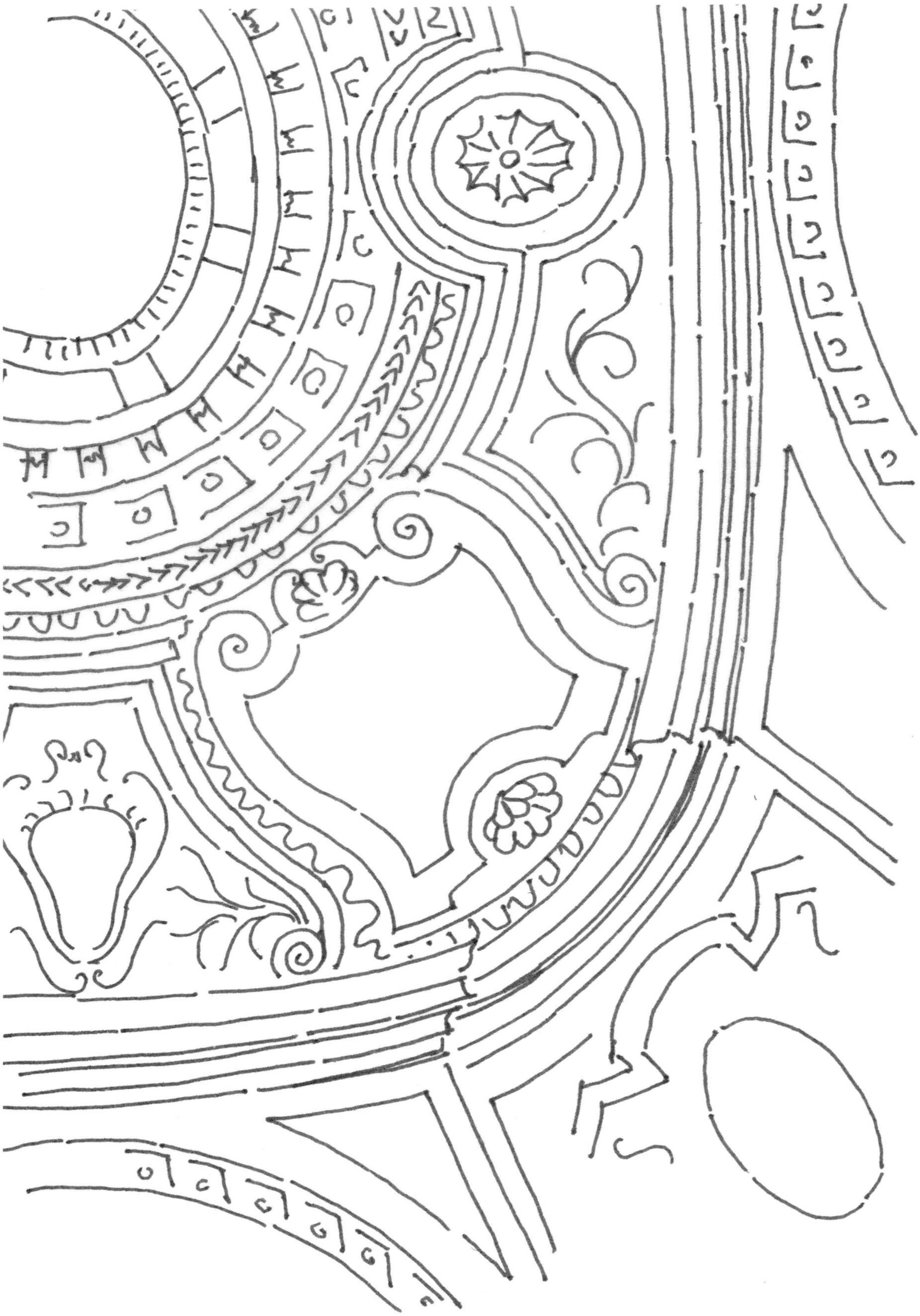

gemälde:
Justitia

Raum 985. ca. 9,25 x 8,25 m. Höhe 3,50 m. 1701/02.
Im Halbstock (Mezzanin) gelegen, mit ca. 3,50 m nur gut halb so hoch wie die Staatszimmer. Daher ohne Voute (Deckenkehlung) und mit herkömmlicher Felderung der Decke.
Die Wände getäfelt, Rahmenwerk weiß und rosa gefasst, in den Füllungen raumhohe Gemälde antikischer Landschaften.
Die Münzschränke verstellten die Zimmermitte, sodass man sich längs der Wände bewegte. Dies erklärt die Perspektive der seitlichen Deckenfelder.

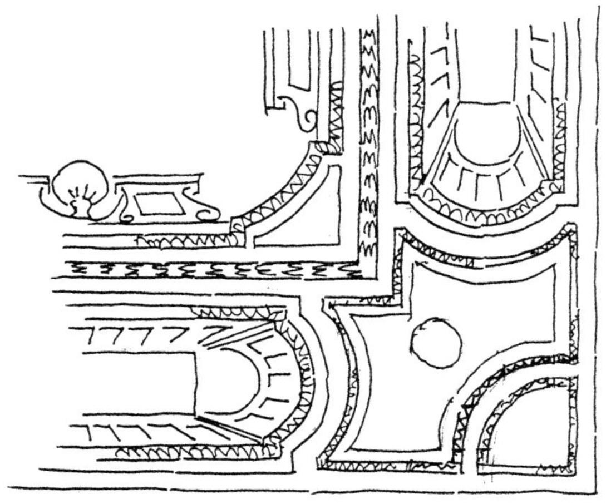

Raum 986. 6 x 9 m. Höhe 3,50 m. 1701/02.
Im Mezzanin, wie das Münzkabinett ohne Voute und mit herkömmlicher Leistendecke. Die Wände in Weißtönen vertäfelt, der Fries bläulich? In den Eck-Ädikulen verspiegelte Nischen. Die Deckenfelder vor den Eck-Ädikulen sollten suggerieren, dass die Decke darüber schwebe. Vor den Längswänden Etageren, deren Form nicht dokumentiert ist.

Raum 797. 14 x 8,50 m. Höhe 6,25 m. 1704/5. Name von etwa 1900.
Parade–Schlafzimmer, d.h. vornehmster hoföffentlicher Empfangsraum, schon seit 1600.
König Friedrich I. behielt es bei, trotz des neuen Parade-Schlafzimmers, der Roten Samtkammer (S. 120) und trat letzteres 1708 an seine dritte Gemahlin ab. Das Königszimmer lag sehr bequem direkt bei seinem Logement im Kurfürstenflügel.
Ob in dem Zimmer wirklich ein Paradebett gestanden hat oder nur ein Thronsessel – jedenfalls hat ein Baldachin, ein „Himmel" über einer der breiten Wände gehangen. Dies erklärt die Lücke im Deckenstuck. Die Balustraden sind erst um 1900 einstuckiert worden. Die Stuck–Balustrade über der schmalen Wand allerdings dürfte eine gemalte Balustrade ersetzt haben, wie Schlüter sie (in Stein) 1704 über dem Gartenportal (Abb. S. 31 Mitte) ausgebildet hat (nach 1707 von Eosander begradigt). Diese Balustrade ist daher gezeichnet, die andere weggelassen.
Das Zimmer war mit Hautelisse (Bildteppichen) ausgespannt. Es ist um 1850 und noch einmal um 1900 getäfelt und mit neuen Kaminen ausgestattet worden. Ein Deckengemälde ist bezeugt, aber nicht dokumentiert.

Raum 989. 8,50 x 6,20 m. Höhe 3,50 m. 1704/06.
Im Mezzanin gelegen, ohne Voute, mit herkömmlicher Leistendecke.
Die Wandschränke, zugleich Wandgliederung, reichten etwa um eine Handbreit nicht ganz zur Decke; die Deckengliederung ging bis an die gemauerten Wände durch, wurde also von den Schränken überschnitten. Die Decke schwebte. Diesen Effekt hatte Schlüter im Antikenkabinett (S. 137) auf andere Weise gesucht. In den Pilastern verglaste Klapptürchen, die Schränke mit Schiebefenstern. In den Schränken Böden mit klassischem Gesimsrand auf ionischen, darüber korinthischen Säulen, darüber ein ‚Mezzanin' mit korinthischen Pilastern. Die im Schranksockel vorauszusetzende toskanische Ordnung nicht nachgewiesen. Alle Fächer innen verspiegelt. Das Gesims war dunkel marmoriert, das Täfelwerk ansonsten gebeiztes Holz (Ahorn?). Die schmalen Schränke in den inneren Ecken nur gemalt.
Das Zimmer ist unfertig in die Hände Eosanders gefallen. Dieser hatte unter die Pilasterkapitelle vergoldete Konsölchen appliziert, von denen Laubschnüre herabhingen, und wohl auch die Türbekrönungen entworfen. Seine Zutaten sind in der Zeichnung weggelassen.

Raum 799. 14 x 8,50 m. Höhe 6,25 m. 1706. Name alt.
Das Zimmer diente dem Hof zum Antichambrieren. Zur Unterhaltung wurde u.a. „gejeut" (um Geld gespielt).
Von Schlüter nicht vollendet. Nach 1706 ist der Deckenspiegel verkleinernd untergliedert worden, um das Gemälde zu ersparen (nicht gezeichnet). Die schematische Musterung der Füllungen (nicht gezeichnet) ebenfalls nachträglich. Ob Schlüter die Flussgötter auf den breiten Seiten stuckieren lassen wollte, muss offen bleiben. Stuck gegen Malerei kann auch Kunstabsicht gewesen sein.
Paneel und Türen aus der Zeit, die Supraporten von Schlüter.
Das Zimmer war mit Hautelisse ausgeschlagen.

Raum 850. 5,50 x 4,50 m. Höhe 6,25 m. 1706.
Von der Kabinettwohnung des Kronprinzen als einziges Zimmer mit alter Ausstattung überkommen. Decke weißer Stuck. Wände getäfelt. 1706 anlässlich der Heirat an die Kronprinzessin abgetreten. Wahrscheinlich damals oder zur Thronbesteigung 1713 die Pilaster mit vergoldeten Kapitellen und die vergoldeten Kehlleisten aufgesetzt, wohl von Schlüters Schüler Böhme.

Raum 846. 7 x 7,50 m. Höhe 6,25 m. 1706.
Wie im Schlafzimmer daneben (Abb. S. 90) vermittelten große Allegorien die Differenz zwischen Enfilade und Zimmermitte.
Von Schlüter nicht vollendet, womöglich teilweise von Eosander (die befremdlich harte Kassettierung der Ecken, die kleinliche Krönung der Eck-Kartuschen).
Aus der Zeit Friedrich Wilhelms I. beschnitzte Kabinett-Türen, wo vorher wohl Tapetentüren gesessen hatten.
Eine aus dem 19. Jahrhundert datierende Innenansicht zeigt im Deckenspiegel eine Rahmung, die wie in der 1. Parade-Vorkammer und ehemals auch in der Bildergalerie den leergebliebenen Deckenspiegel etwas gliedern, das Deckengemälde ersparen sollte. Dieselbe Innenansicht zeigt über Fenster- und Innenwand einen konvexen Verlauf des Deckenrandes, dieser in die Zeichnung übernommen. Gegen 1900 die Mitte der breiten Seiten samt Kartusche neu stuckiert, Supraporten und darüberliegende Ovalfelder mit Reliefs gefüllt, die Türstöcke ohne Schultern erneuert, Türblätter und Paneel mit vergoldeten beschnitzten Leisten besetzt.

Fassadenbreite ca. 90 m. Das Zeughaus, der nächst dem Schloss wichtigste Bau des angehenden Königreichs, ist 1695 nach womöglich 30 Jahre älteren Zeichnungen des Francois Blondel begonnen worden, so Gurlitt. Die Seitenfassaden des quadratischen Baus entsprechen diesem Plan mit Ausnahme der Giebel und der Balustraden, die von de Bodt entworfen sind. Statt deren ist eine vierfach höhere Attika vorgesehen gewesen, deren Schwere zum Ernst des Waffenlagers passte.
Die Seitenflügel sollten sich hinten halbkreisförmig schließen, die Ecken außen zum Quadrat aufgefüllt werden, was Zwickel mit Platz für Rampen ins Obergeschoss ergab sowie eine geschweifte Rückfassade ähnlich einem der Louvre–Entwürfe Berninis. Der Entwurf zählt zu den feinsten Hervorbringungen der französischen Hofarchitektur des frühen Louis XIV., als der italienische Einfluss noch stark war (Abb. S. 149 oben).

Erster Bauleiter war Nering, der sich die Hoffassade für Lietzenburg (S. 164) zum Muster genommen hat, ohne deren Feinheit zu erreichen. Ihm folgte Grünberg, 1698 Schlüter, der die Kröpfungen der Außenfassaden im Schweizersaal des Schlosses (S. 78 f.) nachgeahmt hat, schließlich de Bodt.

Schlüter ist nur ein Jahr Bauleiter am Zeughaus gewesen. Er schlug für die Hauptfassade Unter den Linden eine gewaltige Schwebekartusche italienischer Art vor (Abb. S. 149 unten). Die Baukommission befürchtete, eine 15 Fuß hohe Attika werde für die Wände des Obergeschosses zu schwer werden, ein dilettantischer Einwand: je mehr Gewicht auf der Wand, desto besser hält sie dem Schub der Gewölbe stand. Es war beabsichtigt, auch das Obergeschoss einzuwölben. Schlüter verteidigte den originalen Entwurf. Die Ansicht in der Literatur, er habe die Attika erhöhen wollen, ist irrig, wie man auf den ältesten Plänen leicht nachmessen kann.

Die Hälfte des Hauses an den Linden ist im Bau vorgezogen worden, wie man am besten im Hof an den vorn gepolsterten, hinten geraden Friesen der Fenster sieht. Der Maurermeister war nicht fähig, im Rückflügel die radialen Gewölbe auszuführen. Ob schon Schlüter die Rundung des Rückflügels aufgegeben hat, ist ungewiss. Wenn erst de Bodt die Rundung des Rückflügels aufgegeben hat, hat Schlüter an der Architektur des Zeughauses keinerlei Anteil.

De Bodt hat dem Haus die konventionellen, für seinen militärischen Zweck zu eleganten Balustraden aufgesetzt, vor die Hauptfassade das Louvre-Portal gestellt, die Flügel der hinteren Hälfte geradegezogen und von seinen in allen Hofecken geplanten ovalen Treppenhäusern die beiden rückwärtigen ausgeführt. In den vorderen Hofecken, wo er ebenfalls Treppenhäuser ansetzen wollte, sieht man die originale Architektur unverändert: die Fenster stehen noch auf monumentalen zweistufigen Plinthen, statt deren de Bodt Brüstungen oder Balustraden eingesetzt hat. Außen hat de Bodt die Brüstungen sogar als Bandelwerk gestaltet. De Bodt hat also der Architektur allen Ausdruck benommen, diesen ganz in die Bauplastik gelegt.

Um die Mitte der 1720er Jahre, nach ungefähr 35 Jahren Bauzeit, ist der Bau fertiggeworden. Seit dem Zweiten Weltkrieg fehlen die inneren Gewölbe. Die große Treppenhalle im Linden-Flügel ist ein Hauptwerk stalinistischer Innenarchitektur.

Breite der Hauptfassade 42,3 m. Die Geschützgießerei war vormals ein Werkstattbau aus Fachwerk. In der demnächstigen Königsresidenz musste das Gießhaus ein Monumentalbau werden. Der Neubau an der bisherigen Stelle dürfte 1698 entworfen sein. Er ist ab 1699 wohl stückweise bis 1708 ausgeführt worden. Seine 4 Flügel sind unterschiedlich tief, was vielleicht durch Schuppen der älteren Anlage zu erklären ist – während des Neubaus lag die Gießerei nicht still. Außer Kanonen wurden hier auch Glocken und Standbilder gegossen, so das Reisterdenkmal des Großen Kurfürsten.
Das Gebäude, halb so breit wie das Zeughaus, stand mit der Hauptfassade (Südseite) an der engen Gasse ‚Hinter dem Zeughaus', mit der Ostseite an der Mollergasse, die auf das rückseitige Mittelportal des Zeughauses zuläuft. West- und Nordseite folgten in stumpfem Winkel mit der Straße ‚Hinter dem Gießhaus' der Festung, die davor eine Bastion bildete. Die Verbreiterung des Nordflügels war für die Aufreihung immer größerer Schmelzöfen benutzt. In einem Plan von etwa 1800 sind deren 4 eingezeichnet. Der Westflügel barg die Formerei. Im Südflügel befanden sich neben der Einfahrt Holz- und Kohlenlager, Stall, Wagenremise und die Treppe zur Wohnung des Direktors. Im Ostflügel wurden die Güsse nachgearbeitet. Das geschah später, seit 1755, mit Hilfe eines Göpels von 4 Pferden, die ein Bohrwerk antrieben. Darüber lag die Wohnung des Direktors.
Die Bauaufgabe erforderte allerschwerste Architektur. Weil die Aufgabe in Brandenburg neu war, konnte Schlüter sich einfacher Formen bedienen. Cortonas Mauer der Stallungen am Garten des Palazzo Barberini in Rom zeigt, wieviel Besonderheit dort nötig war, um sich formal auszuzeichnen. An den Fassaden der Flanken wiederholten sich die Konsolklötze unter der Traufe und die 6 Pfeiler des Mittelrisalites, nicht aber die Fensterrahmen. Die Französische Quaderung lief dort hinter den Pfeilern durch. Die Schornsteine gestaltete Schlüter als Mörser. Die Nordseite mit den Öfen machte nicht Fassade.

Lit.:
Bujok, Elke, und Fuchs, Peter R.: Das Gießhaus auf dem Friedrichswerder. In: Mitteilungen des Vereins für die Geschichte Berlins, 93. Jahrgang, 1997, Heft 4, S. 278–289.

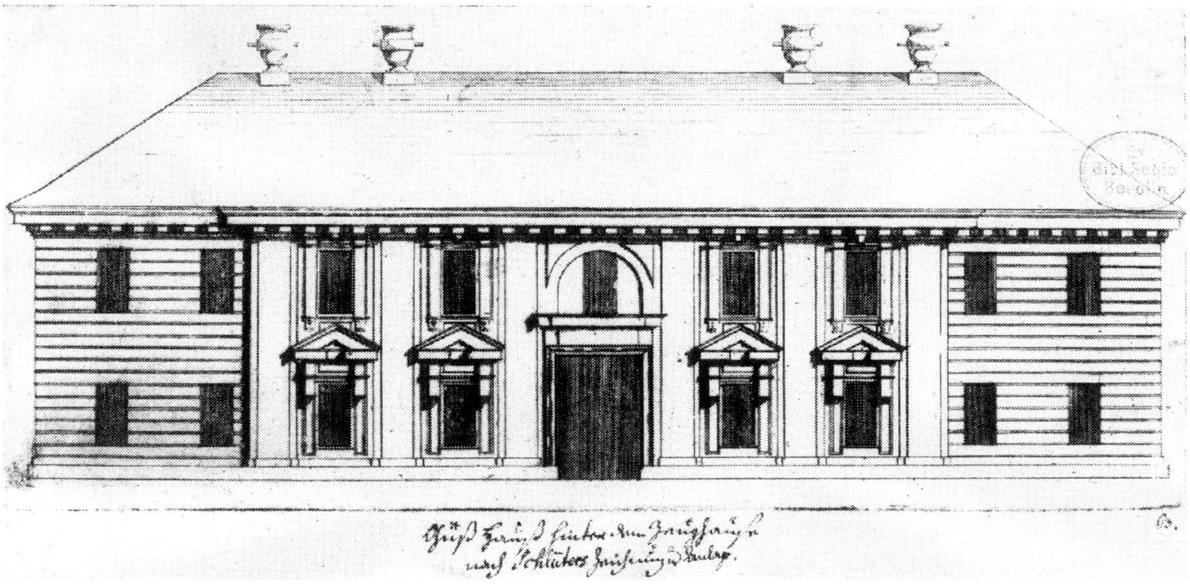

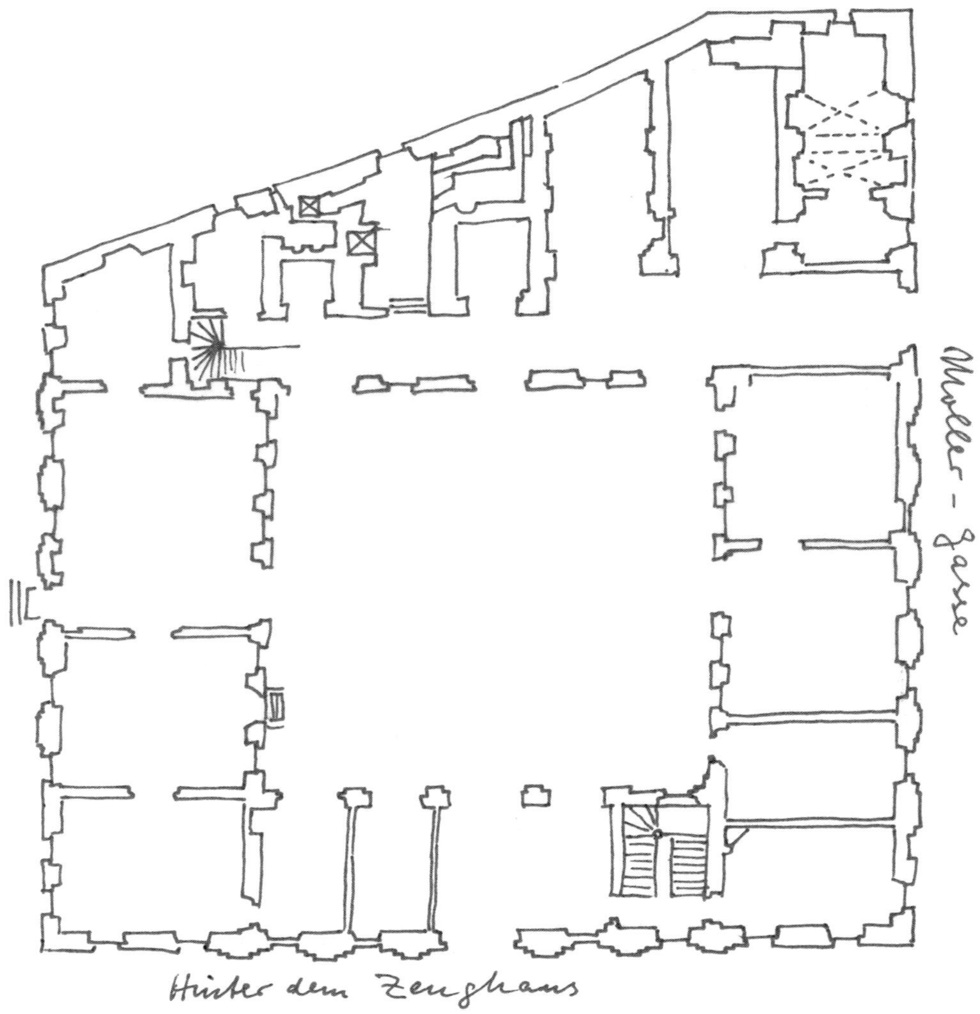
Müller - Gasse
Hinter dem Zeughaus

Ca.75 m breit. Der Marstall dürfte mit dem Halbrund seiner rückwärtigen Flügel in eine Bastion der Festung eingepasst haben werden sollen, zwischen Königs- und Stralauer Tor. Die Zwickel im Grundriss hinter den gerundeten Flügeln halte ich für Zutaten des Verlegers, der sein Papierformat ausnutzen wollte. Im Stich der Fassade sind die Gitterbrüstungen des Galerieflügels mit ihren Postamenten ebenfalls unglaubwürdig. Denn die Säulen am Mittelfenster sind ohne Postamente, die Lisenenpaare bei den Flügelenden ebenso. Der Grundriss bietet auch keinen Platz für einen durchlaufenden Balkon.
Der Marstall ist in der Tat sehr „schön". Der Mittelrisalit des Stallflügels ist über der Tür bekränzt, oben ionisch und mit Statuen bestellt. Die Wohnpavillons sind gar korinthisch. Auf Pferde und den rohen Stallbetrieb beziehen sich nur die Lisenenrahmen des Stallflügels.
Die Wohnpavillons haben Gegenstücke in denjenigen der Petersburger Kunstkammer Abb. S. 233 und S. 236, wie schon Ladendorf gesehen hat.

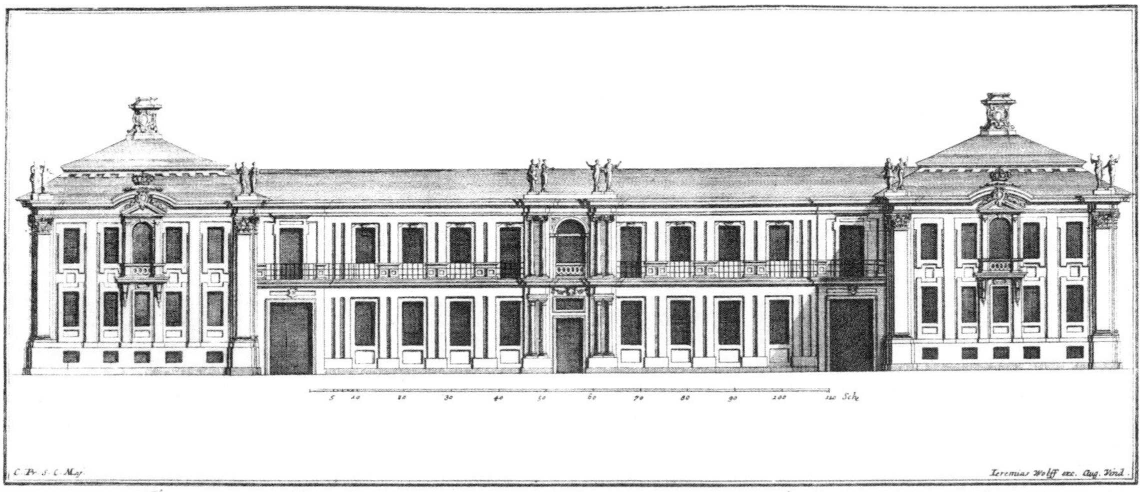

Ist ein von Hr. Andreas Schlütter Seel. inventirt und aufgebauter Schöner Marstall.

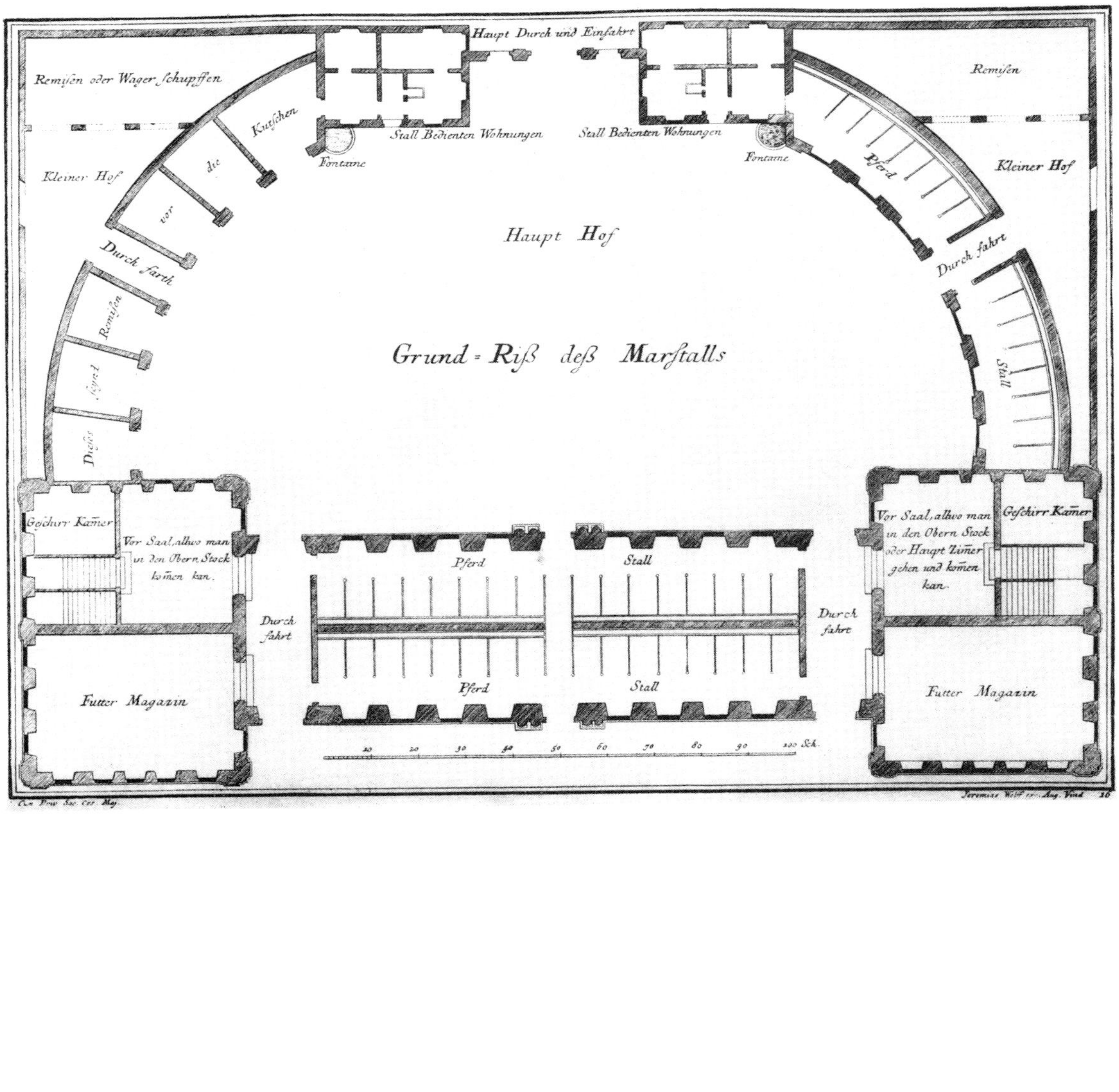

1705/06. 13,30 x 22,12 m. Höhe ca. 13 m. Das 1662 erbaute Schloss hatte einen Saal im Hochparterre, zwei Stock hoch und mit einer Laterne, die nach 1695 abgebaut wurde. Ob Schlüter mit dieser Baumaßnahme befasst gewesen ist, wissen wir nicht. Schon 1687 waren die inneren Fenster der Schmalseiten des Saales vermauert worden, um je ein riesiges Gemälde unterzubringen; zwei weitere schmückten die Rückwand. Schlüter hat den Saal mit korinthischen Pilastern königlich instrumentiert. Die Gemälde ließ er so anstücken, dass ihre Rahmen die Pilasterschäfte berührten. Wegen der beiden Gemälde an der Rückwand konnte die Anordnung der Pilaster an Außen- und Innenwand nicht übereinstimmen. An den Enden der Rückwand musste Schlüter je einen Pilaster außer der Ordnung stellen, weil die Enfiladetüren, die ganz in den Ecken saßen, von Pilastern gerahmt sein mussten.
Das Gesims ist, soviel ich sehe, das erste Saalgesims Schlüters in selbständigen Formen (bisher hatte er Gesimse nach Vignola verwendet). Den schmalen Architrav hat er nicht in Faszien aufgegliedert. Im Fries spielt er mit breiten Zotten auf Triglyphen an. Die Konsolen unter der Corona hat er hier, auch erstmals in einem Saalgesims, gekuppelt, wie später noch einmal in der Königlichen Mittelstube in Schlobitten, siehe Abb. S. 187.
Es ist Schlüter gelungen, die unterschiedlichen Längswände mit gleichen Attiken zu krönen.

Nach der Eroberung Schlesiens hat Friedrich der Große Pilaster und Wandflächen durch Knobelsdorff in schlesischen Marmor übertragen lassen. Knobelsdorff hat durch neu entworfene Enfiladetüren und Supraporten die Spannung in Schlüters Komposition gemildert. Er hat Schlüters Bilderrahmen und Voute übernommen. Den Deckenspiegel aber hat er neu gestaltet.
Im 2. Weltkrieg ausgebrannt, danach abgebrochen.

Lit.:
G. P./Wiesinger, Liselotte 2001 S. 181 f.

Ölgemälde:
Vater des
großen
Kurfürsten

Am Ort vorhanden war ein Kurhaus, das der Große Kurfürst 1684 hatte erbauen lassen.
Der königliche Auftrag von 1704 umfasste ein Lusthaus für den König, aber auch ein Armenhaus. Schlüter hat zu dem Lusthaus ferner ein abgesondertes Küchenhaus gebaut, hat die Quelle neugefasst und ein Quelltempelchen (nach dem Vestatempel von Tivoli) darübergesetzt, schließlich für sich selber einen Pavillon dazugefügt.
Das Lusthaus (ungefähre Pläne nach den Beschreibungen S. 163 unten) enthielt im Erdgeschoss 4 Appartements für die drei Halbbrüder des Königs und den Kronprinzen, sowie Badegrotten. Im Obergeschoss flankierten Appartements für König und Königin einen offenen Speisesaal. Um das ganze Obergeschoss lief eine Kolonnadengalerie von 64 Säulen (an der Innenwand Pilastern?) herum, zum Spazieren, Brunnentrinken und Genuss der Aussicht: eine Maison de plaisance und zugleich Belvedere. Eosander hat das als Typus in Übigau wiederholt. In der ältesten Ansicht, Abb. S. 161, die vom Landweg her genommen ist, ist das Lusthaus schon Rekonstruktion; die Ansicht datiert nach dessen Abbruch.
Das halbovale Armenhaus hatte beiderseits der Türen je ein Fenster: vermutlich immer 2 Zimmer (Wohnungen) mit gemeinsamem Flur und Küche dazwischen, wie damals üblich. Alle Darstellungen weichen von einander ab.
Schlüters 8-eckiger Pavillon hatte 4 Seitenarme, von denen einer die Küche enthielt. In den andern Armen war je 1 Zimmer.
Schlüter hatte für das Lusthaus eine umgekehrt halbkegelförmige Nische aus dem Hang graben, mit dem Aushub eine Terrasse davor anschütten lassen. 1707 beim ersten Besuch des Königs im fertigen Haus gab es ein Unwetter; Sandmassen rutschten gegen das Haus und erschütterten es. Der König erschrak und floh. Dies kostete Schlüter die Stellung als Hofarchitekt.
1722 ließ König Friedrich Wilhelm I. das Lusthaus abbrechen. Auf dem Bauplatz wurden später zwei Kurhotels erbaut. Der Brunnentempel wurde bei Neufassung der Quelle 1738 von Dieterichs durch einen rundbogigen ersetzt. Damals ließ König Friedrich Wilhelm I. das Kurhaus um einen Flügel mit großem Endpavillon erweitern. So zeigt es die zur Werbung von Brunnengästen gedruckte Vogelperspektive Abb. S. 162 oben. Friedrich II. ließ das Kurhaus am anderen Ende um einen Flügel mit querstehendem Saal verlängern, wie in dem Lageplan Abb. S. 162 unten zu sehen.
Die einzigartige Gesamtanlage stellte dem König ein Idyll vor Augen, eine „Satirische Szene“ (meint die Satyrn, griechische Flurgötter) entsprechend der Trias Tragisch – Komisch – Satirisch nach Vitruv und Serlio. Schlüter mag dabei auch an die Rometta von Villa d'Este in Tivoli gedacht haben. S. 163 oben Rekonstruktionsskizze von des Königs Blick auf Schlüters Komposition.
Von der Anlage des 18. Jahrhunderts ist nur noch ein Eiskeller an der Stelle des ursprünglichen erhalten.

Lit.:
G. P. : Die Anfänge von „Bad“ Freienwalde und ihr Architekt Andreas Schlüter. In: Mitteldeutsches Jahrbuch 15. 2008. S. 63-70.

des
1. Königl.
Lust-Haus
2. Brunnen Haus
Berger, sc. Berolini

f. ein Keller im Berge
g. Pferde Stall.
h. Armenhaus oder Lazareth.
i. Kegelbahn
l. Küchen Garten
m. Obst Garten
n die Mühle.
p.p.p. Promenaden

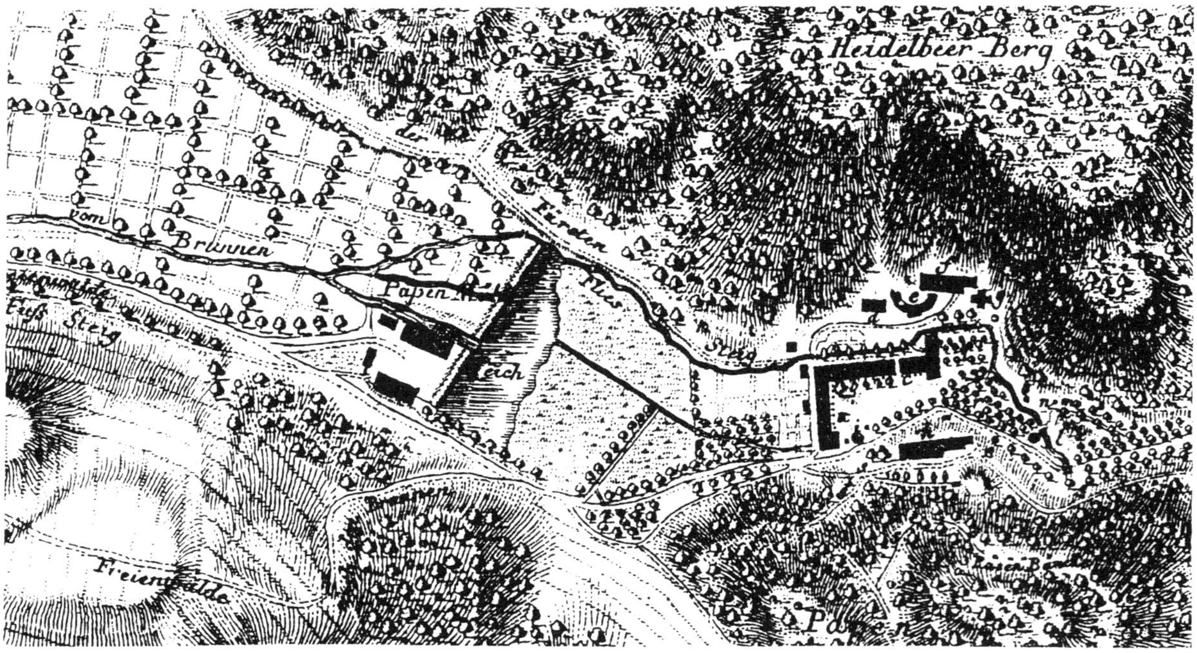
Heidelbeer Berg
vom Brunnen
Teich
Freienwalde

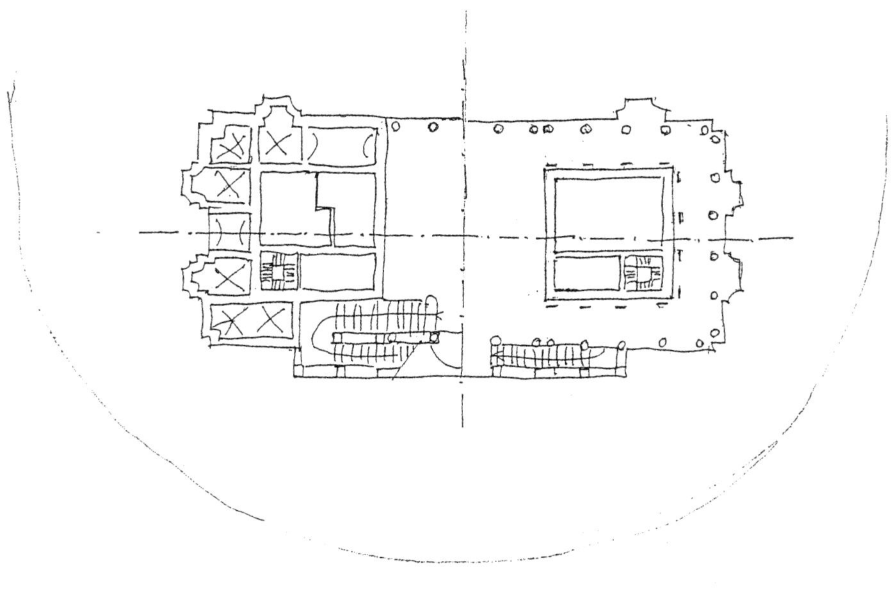

Schloss Lietzenburg, seit 1705 Charlottenburg, der Kurfürstin, seit 1701 Königin Sophie Charlotte. Das Schloss, eine ganz neue Anlage, ist in ein großzügiges Alleensystem eingebettet worden, von dem heute die Straße des 17. Juni und Bismarckstraße, die Schlossstraße in Charlottenburg und die Otto-Suhr-Allee übrig sind; die Seestraße auf dem Wedding ist der Rest einer Schneise zum Schloss Niederschönhausen. Alleen und Bauplatz sind 1694 abgesteckt, der Bau 1695 begonnen worden. Architekt war Johann Arnold Nering. Sein Entwurf S. 165 oben. Nering starb im ersten Baujahr. Landbaumeister Martin Grünberg musste den Bau weiterführen.

Als es an den inneren Ausbau ging, wünschte die Bauherrin, im Erdgeschoss zu wohnen (entsprechend dem Grand Trianon in Versailles). Das Erdgeschoss ist architektonisch als Rustika, Sockelgeschoss ausgebildet, auch etwas niedriger als das mit Kolossalsäulen instrumentierte Obergeschoss. Es hat Überlegungen gegeben, die nun falsche Fassade zu korrigieren (siehe Abb. S. 165 Mitte). Mit der Rustika ist die Dienerschafts-Charakteristik entfernt, mit den Bogenfenstern dem Erdgeschoss Vorrang verschafft. Die Fassade blieb aber doch bestehen. Die Freitreppe ins Nobelgeschoss aber musste nun wegfallen (siehe S. 165 unten). Grünberg fing eine 4-Pfosten-Innentreppe (wie in Oranienburg) an, die aber über ihren Unterbau im Keller nicht hinausgekommen ist.

1698 hat Schlüter den Bau von Grünberg übernommen, zugleich mit dem Berliner Schloss. Schlüters erster Eingriff ist der Umbau des Festsaals gewesen. Schlüters eigenhändiger Entwurf S. 166 enthält noch Grünbergs Treppe. Nerings/Grünbergs Saal hatte einen Grundriss aus gestelzten Halbkreisen. Schlüter machte daraus ein Oval, das er verspiegelte: ein Belvedere. Er gab damit der nun isolierten Lage des Saales über der fürstlichen Suite einen Sinn. Die Hälfte des Ovals im Inneren des Gebäudes ließ er ausstemmen; von der äußeren Hälfte wurden Decken und Dach abgefangen, die Mauern weggebrochen und neu aufgeführt. Schlüters Saal bekam fünf Fenster; derjenige Nerings hatte drei Fenster gezählt. Mit den einschwingenden Interkolumnien des Saalpavillons bezog sich Schlüter auf Nerings nicht ausgeführten, aber durch Kupferstich bekannten Plan für die Parochialkirche. Solch ein Form-Zitat bedeutete damals kollegiale Ehrung.

Schlüters Wandgliederung im Saal ist von Eosander alsbald durch zusätzlichen Dekor in ihrer Wirkung abgeschwächt worden: Schlusssteine mit Vasen darauf, Figuren in den Zwickeln und je drei Putti bei den Wappen. In der Zeichnung S. 169 sind die Zutaten Eosanders weggelassen.

Zu Schlüters Konzept gehörte die Bekrönung des Saalpavillons durch eine Dachkuppel. Ein Tambour – siehe die Gartenfassade S. 167 – sollte diese in Firsthöhe heben, damit sie vom Vorhof her ganz zu sehen war. Die Kuppel sollte dem Schneisenstern antworten. Schlüter hat den Tambour innen unter dem provisorisch bewahrten Dach Grünbergs hochmauern lassen, siehe S. 174. Dann verlor er die Bauleitung an Eosander.

Zu Schlüters Umbaukonzept gehörte auch eine Innentreppe. Er schlug eine Treppe mit einer Wendelung vor, die den Vestibül–Korridor verlängern sollte. Grünbergs Treppe hätte 2 x 2= 4 Achsen eingenommen, Schlüters Treppe 1 1/2 Achsen, und sie hätte den Vestibül–Korridor von 5 auf 6 ½ Achsen verlängert, seine Raumwirkung verstärkt. Die beiden Treppen, siehe die Zeichnung von fremder Hand, S. 168. Schlüter hat der Bauherrin die Treppe (ohne Korridor) in seinem Hofgebäude (siehe S. 170) vorgestellt; die Bauherrin konnte sich aber nicht dafür entschließen.

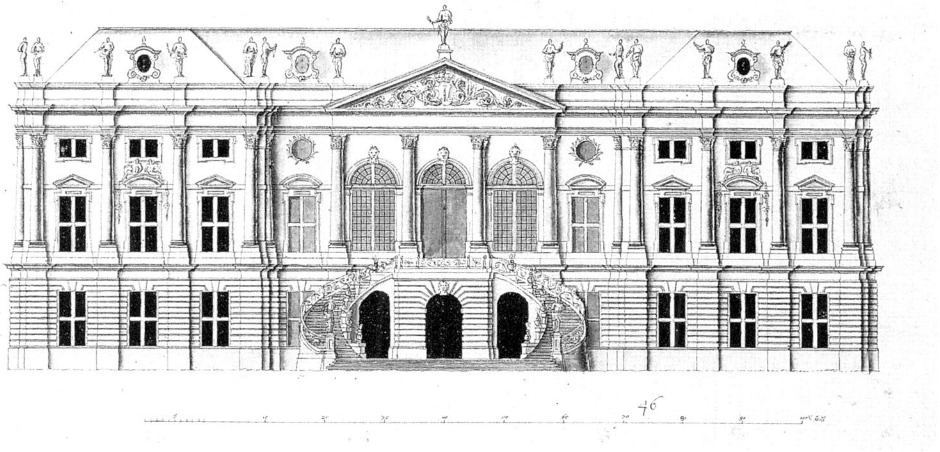

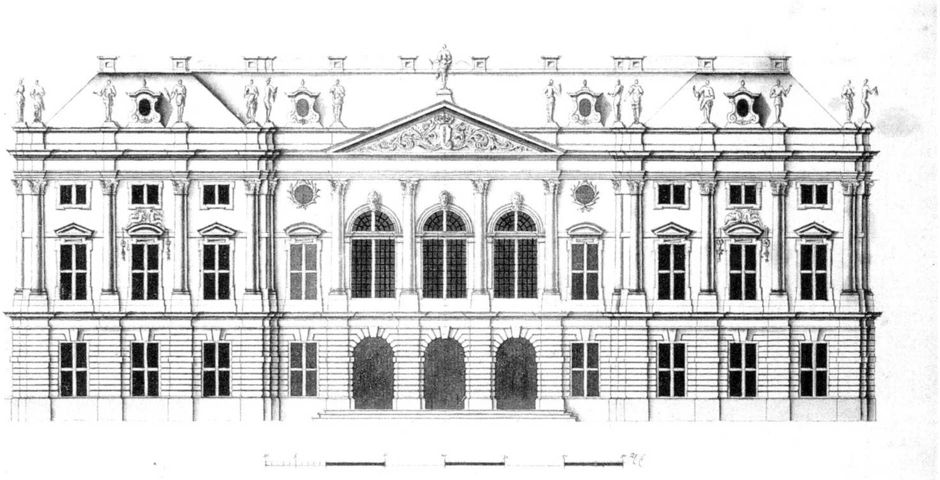

Lutzebourg, à present, Charlottenbourg.

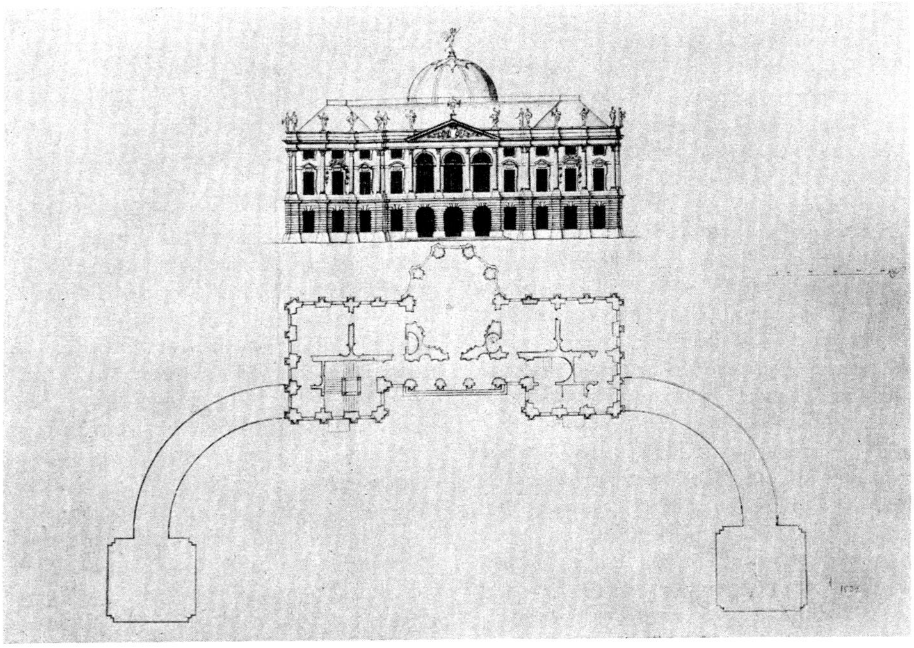

Schlüter hat auch die heutigen zweistöckigen Hofflügel entworfen, den östlichen aufgeführt. Nering hatte niedrige halbkreisförmige Flügel mit quadratischen Eckpavillons entworfen, siehe S. 168. Schlüters Hofflügel fängt mit seiner gedrungenen U-Form die Otto-Suhr-Allee auf und stellt ihr einen großmaßstäblichen Mittelrisalit entgegen. In der Zeichnung S. 171 ist die Attika über dem Eingang Hypothese; auch ist der Rundgiebel über dem Flügelkopf weggelassen. Der Flügel diente mit den Fluren auf der Hofseite als Orangerie, siehe S. 171 unten. Die Rücklagen des Erdgeschosses am Hof waren dafür in Arkaden geöffnet. Schlüters Rustika war in kleinerem Maßstab gehalten.

Im Inneren dieses Flügels hat Schlüter nur Treppe und oberen Vorsaal fertigstellen können, ehe er den Bau Eosander überlassen musste.

Lit.:

Kühn, Margarete: Schloss Charlottenburg. Berlin 1955.

G. P. : Schlüter und das Schloss Charlottenburg. In: Schloss Charlottenburg – Berlin – Preußen – Festschrift für Margarete Kühn. München Berlin 1975. S. 139–168.

Sophie Charlotte und ihr Schloss. Ein Musenhof des Barock in Brandenburg – Preußen. München. London New York 1999 (Ausstellungskatalog).

Senn, Rudolf Thomas: Sophiepolis. In: Zeitschrift für Kunstgeschichte 63, Bd. 1 (2000).

Hinterkeuser, Guido: Berlin 1706 und 1708 [...] in Beschreibungen und Zeichnungen des mecklenburgischen Architekten C. F. G. von dem Knesebeck. In: Stadtpläne von Berlin. Geschichte vermessen. Berlin 2006.

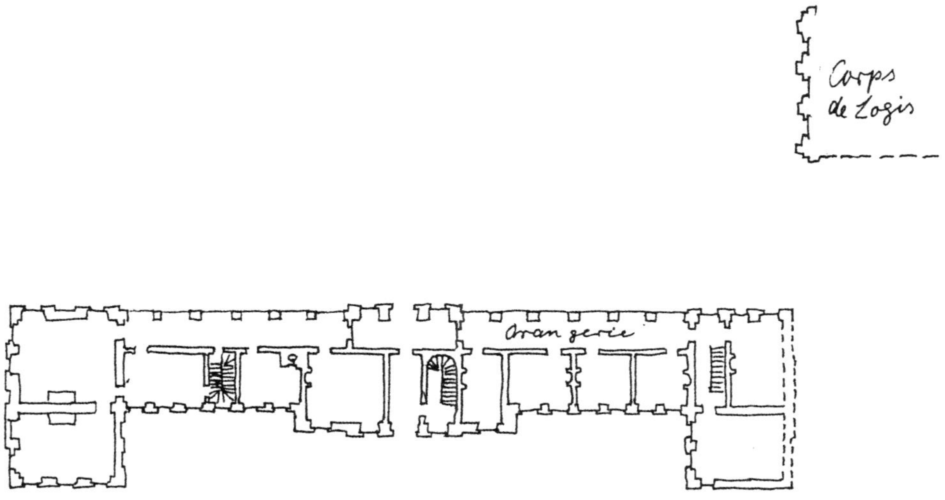
Corps
de Logis
Orangerie

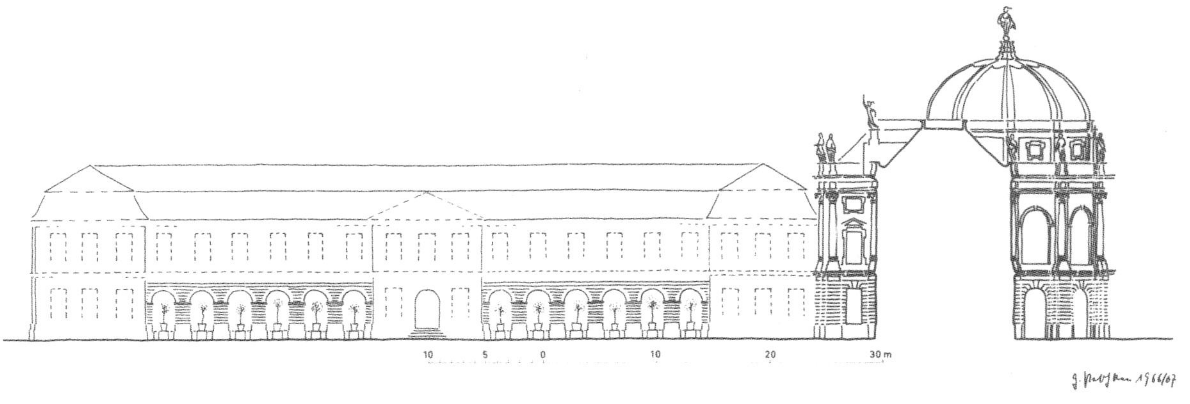
10 5 0 10 20 30 m

Königin Sophie Charlotte starb 1705. Das Schloss fiel zurück an den König, der es nun nach seiner verstorbenen Gemahlin benannte. Architekt des Königs war Schlüter.
Eosander, seit 1702 Architekt der Königin, hatte das Corps de Logis am Garten um etwa das Dreifache verlängert, die Hofflügel mit dem Hauptbau verbunden. Nach Westen war dies schon bis an die Inneneinrichtung gediehen, nach Osten zu kaum angefangen.
Der König wünschte einen Turm. Schlüter entwarf einen Kuppelturm ungefähr in der später ausgeführten Form. Es bleibt unbekannt, ob auch die Hoffassade der Ausführung entsprochen hat. Der Entwurf ist aus einer Ansicht der Gartenfassade – siehe S. 173 – bekannt, gezeichnet von Paul Decker dem Jüngeren, dem Bruder von Schlüters Zeichner Paul Decker dem Älteren [sic]. Über dem Gartensaal sah Schlüter eine Nische oder Exedra vor, für die er die innere Hälfte vom Tambour seines Entwurfes von 1698/99 benutzte, die er schon bis unter das Pavillondach Grünbergs hatte aufmauern lassen, siehe S. 174. In Schlüters Entwurf, siehe S. 173 und 175 oben, tragen Hermen Kapitelle, auf denen das Gesims des Kuppeltambours liegt. Die Gliederung sollte möglichst schlank sein. Auch die großen Fenster sollten den Kuppelturm leicht erscheinen lassen. Die ganze Form klingt im Sternwarten-Turm der Petersburger Kunstkammer nach, wo sich die Bogenfenster mit „Ohren" (Schultern nach Maderno) wiederfinden, vgl. S. 237.
Im folgenden Jahr 1706 musste Schlüter den Münzturmbau aufgeben und verlor darüber die Stellung als erster Hofarchitekt. Eosander gewann seine Nachfolge. Auch Louis Remy Delafosse dürfte nach Schlüters Sturz seinen Entwurf für die Kuppel, der folgenlos blieb, vorgelegt haben. Charlottenburg kam wieder unter Eosanders Direktion. Decker stach den Entwurf Schlüters und gab in der Unterschrift an, es sei Eosanders Entwurf. Schließlich führte Eosander den Kuppelturm aus, instrumentierte ihn aber mit schweren Halbsäulen und formte die Fenster tiefenperspektivisch (nach dem Vorbild der Loggia des Palazzo Barberini in Rom). Schlüters Exedra übernahm er in seine Pläne. Später überdacht, war die Exedra bis zum Brand des Schlosses 1943 versteckt. Sie ist seit dem Wiederaufbau nach dem II. Weltkrieg wieder zu sehen.

Lit.:
Holland, Alexander: Zeichnungen aus dem Umfeld Johann Friedrich Eosanders. In: Aspekte der Kunst und Architektur in Berlin um 1700. Potsdam 2002.
G. P. : Andreas Schlüter und das Schloss Charlottenburg. In: Festschrift für Margarete Kühn. München Berlin 1975.

CAROLINEVM AVGVSTVM, SIVE PALATIVM REGIVM CIVITAT. CAROLINENSIS VVLGO CHARLOTTENB: QVOD FRIDERICVS REX BORVSSIÆ A DIVA REGINA CONIVGE
SOPHIA CAROLINA INCHOATVM, MAIORI ADIECTA AMPLITVDINE ABSOLVIT, REGIFICO APPARATV INSTRVXIT, EIDEMQ. VRBEM NOVAM NOMINE CONIVGIS NVNCVPATAM CIRCVMDEDIT.
PROSPECTVS SEPTENTRIONALIS CONTRA HORTVM PRÆTORIANVM AD FLVENTA SVEVI.
Coniugis exstinctæ dum REX nequit esse Maritus Ecce Sacerdotis nobile Munus obit: Et colit et condit quas Pallas condidit Arces. Et iubet æternum Nomen habere Locum.

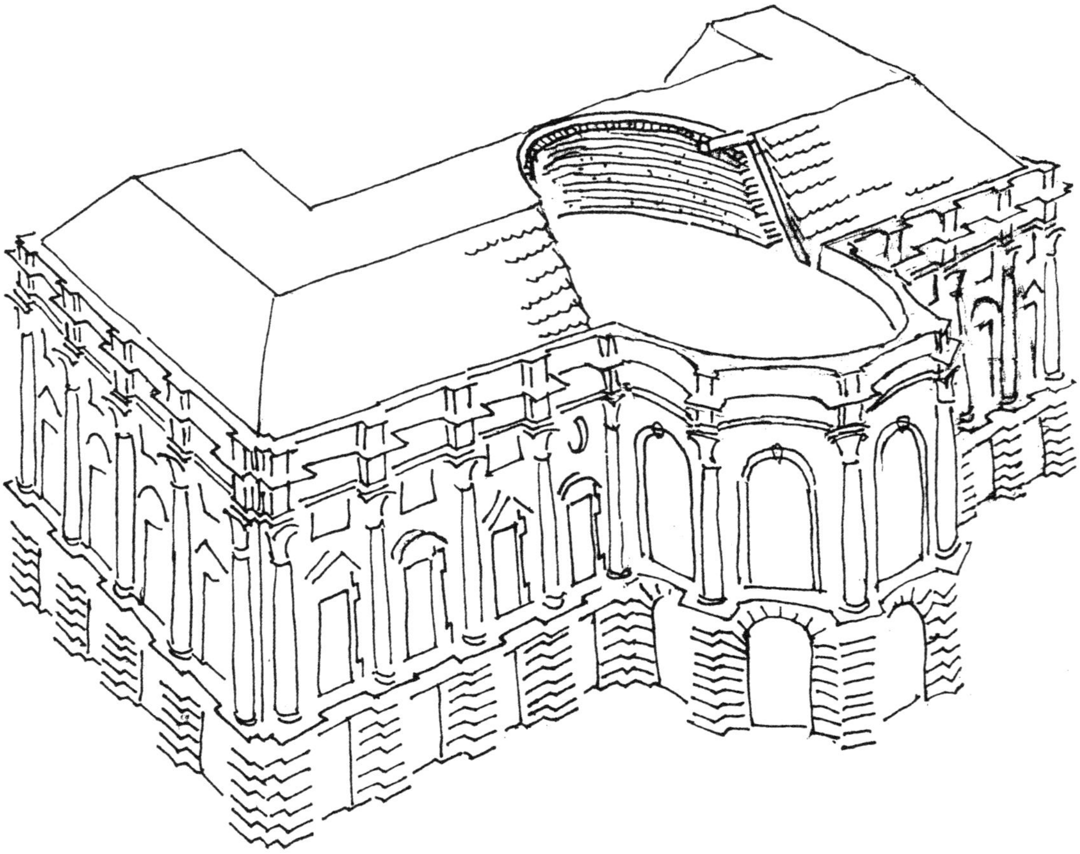

23 x 23 m. Guido Hinterkeuser: >>Erst seit kurzem ist bekannt, dass Schlüter 1708 ein Lusthaus für die Herzogin (1678–1749) entworfen hat. Das Tagebuch des mecklenburgischen Architekten Christian Friedrich Gottlieb von dem Knesebeck (gest. 1720) enthält eine verkleinerte Nachzeichnung von Schlüters Grundriss (während der gleichfalls erwähnte Aufriss fehlt). Bereits 1703 hatte der Schweriner Architekt Jacob Rentz einen Entwurf für ein herzogliches Lusthaus auf dem nördlich von Alt- und Schelfstadt gelegenen „Schelffwerder oder Thiergarten" vorgelegt. 1708 wurde die Planung fortgesetzt: *„so begehrete die [...] Hertzogin [...] ein neues dessein von dem Ober Bau Director H. Schlüter aus Berlin. Dieser aber war nur gewohnet, vor gross und prächtige Gebäude zu ordonniren, und übersandte [...] das [...] Dessein, so aber [...] vor ein fürstl. Lusthaus an einem solchen orte viel zu groß, magnifique und kostbahr wahr, und aus lauter werckstücken [...] gebauet, und mit Kupfer gedecket werden müsste. Weswegen es auch nicht ins werk gerichtet worden [...]."*

Die geplante Grundfläche von 80 Quadratfuß (Palladios Villa Rontonda umfasst nur 60 Quadratfuß, allerdings ohne Treppen und Porticus) war in der Tat überzogen. Im Zentrum des Gebäudes liegt eine Art Sala terrena (hier als Porche bezeichnet) mit Kreuzgratgewölbe und ohne direkte Belichtung. Weitere quadratische Räume (Chambre, Bain) sind in den Ecken untergebracht, dazwischen liegt der Saal. Als dessen Pendant hat man sich das Vestibül vorzustellen, von dem aus man wohl direkt in die beiderseitigen Stiegenhäuser gelangt, die auf den flachen begehbaren Altan führen. Von dort betritt man das Belvedere, das mit den beiden Treppentürmchen die Silhouette des Lusthauses bestimmte. Die Fassaden wird man sich wie am Landhaus Kamecke mit flachen Lisenen und in die Wand eingeschnittenen Fenstern vorzustellen haben.<<

Lit.:

G.H.: Andreas Schlüter und das Ideal des barocken Lustgebäudes. Bauten und Entwürfe für Berlin, Freienwalde, Schwerin und Peterhof. In: Zeitschrift des Deutschen Vereins für Kunstwissenschaft 64, 2010.

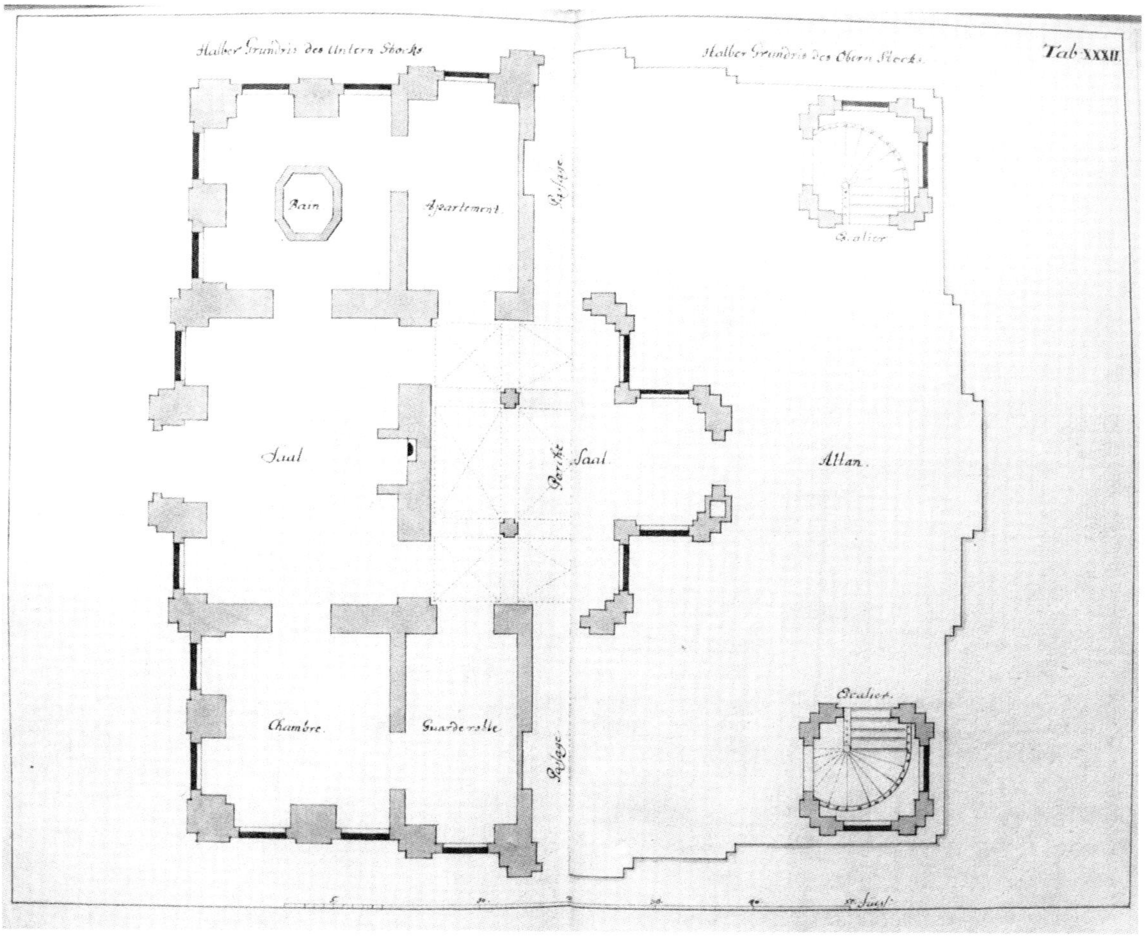
Halber Grundris des Untern Stocks
Halber Grundris des Obern Stocks
Tab XXXII
Bain
Apartement
Passage
Escalier
Saal
Portik
Saal
Altan
Chambre
Guarderobbe
Passage
Escalier

Guido Hinterkeuser, der freundlicherweise seinen Fund zur Vollständigkeit dieses Verzeichnisses beiträgt, gestattet auch, dass ich hier anfüge, was ein professioneller Architekt allenfalls aus der Zeichnung noch ersehen kann. Obwohl vom Erdgeschoss nur die rückwärtige, vom Obergeschoss nur die vordere Hälfte gezeichnet ist, sollte die Zeichnung alle nötigen Angaben für den Plan enthalten. Dafür sind sowohl Logik, wie Geometrie gelegentlich hintangesetzt.

In einen der Wandpfeiler des Belvedere ist ein Kaminzug eingetragen. Dieser gehört über die Kaminwand des rückwärtigen Saales, wäre also drehsymmetrisch auszuführen.

Wichtiger ist die verschobene Zeichnung der Treppen. Wenn diese in ihrer symmetrischen Stellung zum Fensterrhythmus gezeichnet wären, würde man nur eine Viertelwendelung sehen und nicht erkennen, dass die Treppen längs der Eingangsfassade an der Innenwand heraufkommen sollen. Der Zeichnung nach sind die Treppen aus Holz gedacht. Ob die Treppenhäuser vom Vestibül getrennt werden sollen und wie der Antritt aussehen soll, zeigt die Zeichnung nicht.

Die Treppentürmchen mögen aus Holz und mit Kupferblech beschlagen gedacht sein, wie die Oberteile vieler Kirchtürme der Zeit gemacht sind. Ihre innere Ecke stützt sich auf den Wendelungs-Pfosten der Treppe.

Die Pfeiler in der ‚Porche' tragen das Belvedere an dessen eingezogenen Ecken, haben also konstruktiven Sinn. Die Porche müsste darum nicht gewölbt sein. Das flache Dach ringsherum besteht aus Holz mit Kupferblechdeckung. Schlüter hat mit dem Gewölbe wohl einen Grottenraum gestalten wollen.

Die beiden isolierten Kabinette neben den Treppen mögen für die Bedürfnisse von Hofgesellschaft und Gästen, nach Geschlecht getrennt, gedacht sein. Die Fürstin konnte ihre Kabinette (‚Guarderobbe' und ‚Apartement') mit niemandem teilen; darin wurde ja u.a. Privataudienz gegeben.

Schlüter wird bei seinem Entwurf von dem Grottenhaus im Berliner Lustgarten ausgegangen sein, das auch zwei Türmchen, den Altan und einen Belvedere–Pavillon darauf hatte, das zwar in der Breite bescheidenere 69 Fuß maß, aber zwei Stockwerke umfasste. Das mecklenburgische Lusthaus hätte etwa ein Zwölftel an überdeckter Fläche mehr gehalten, sein Altan aber fast um die Hälfte (drei Siebtel) mehr. Die Kreuzform von Schlüters Belvedere sollte wohl die Himmelsrichtungen bezeichnen.

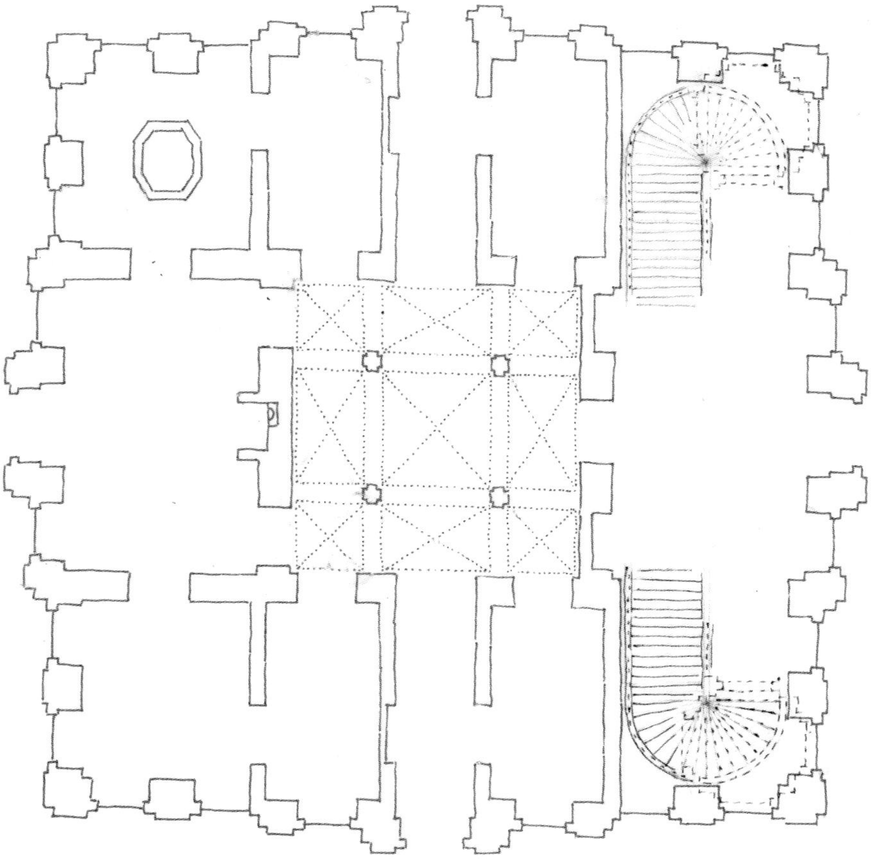

Fassaden ca. 18 m und 24 m breit. Palais des Premierministers Grafen Wartenberg. Die Post war eine von dessen Pfründen. Ihr Geschäftsgebäude befand sich an der Poststraße. Die mittelalterlichen Stadtgrundstücke der Poststraße liefen durch bis an die Spree, hatten dort Schuppen, Abtritte und Misthaufen. Kurfürst/König Friedrich III./I. ließ eine Uferstraße, die Burgstraße, anlegen. Die Stadt sollte gegen das Schloss Parade machen.
Das Grundstück Uferstraße Ecke Oderberger-, nunmehr Königstraße, gab aus dem Schloss gesehen den Hintergrund für die Lange Brücke, die erste Steinbrücke im Lande, mit dem Denkmal des Großen Kurfürsten. Hier ließ der König das Postgrundstück bis an die Königstraße verbreitern und 1701-1703 für den Premier ein Palais errichten. Einfahrt und Festräume lagen zum Wasser und Denkmal hin. Der Saal diente, wie bei solchen Größenverhältnissen üblich, als Vorzimmer; Ecke Königstraße lag die Staats-Chambre (ca. 5,60 x 7,70 m), gegenüber das Staats-Cabinet (ca. 4,40 x 5,50 m). Das Cabinet war mit einer Garderobe versehen; die Chambre mit einer Kabinett–Suite. Die Räume wurden erschlossen durch die in Berlin übliche hölzerne Hofgalerie; auch das offene Treppenhaus war Holz. In der Fassade waren die Felder der Attika und die Wandspiegel bemalt, die Tondi Relief. Auf der Attika standen Paare von Posthörnern. Nach Wartenbergs Sturz hat Eosander dafür einzelne Figuren gestellt.
1822 verkaufte der Staat das Haus an einen Privaten. Der Saal wurde in zwei Stockwerke geteilt. Schinkel entwarf die Fassaden–Änderungen: die Mittelachse in Pseudo-Barock, die Mezzaninfenster bis an den Architrav erhöht, das Sockelgeschoss schematischer gequadert. 1889 wurde das Haus abgerissen. Tondi und Köpfe der Figuren im Bode-Museum und in der Hamburger Kunsthalle. Deckenteile von Chambre (siehe S. 184) und Cabinet (siehe S. 185) im Stadtmuseum und im Postmuseum, Teile der Supraporten aus den Staatszimmern im Stadtmuseum.

Lit.:
Borrmann, Richard: Die Alte Post in Berlin. In: Zs. f. Bauwesen Jg. XXXX 1890.
Ladendorf, Heinz: Der Bildhauer und Baumeister Andreas Schlüter, Berlin 1935.
Rave, Paul Ortwin: Schinkel-Lebenswerk Berlin I, Berlin 1941.

F. Calau del.
P. Haas sculp. Berlin
Prospect der Langen Brücke in Berlin nebst der Statue des Kurfürsten Friedrichs Willhelm des Grossen.
№ 16

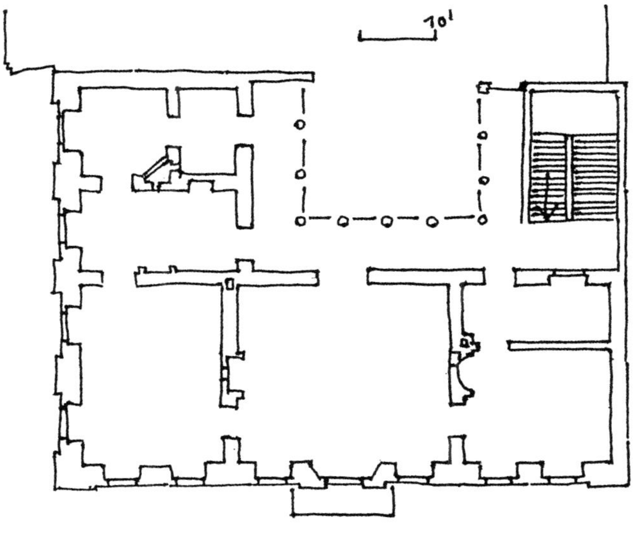
10'

9,50 x 6,97 m, 4,80 m hoch. 1708. Ausgeführt von Josef Anton Kraus aus Schlüters ehemaliger Berliner Werkstatt und einem Maler Giovanni Baptista.
Alles architektonische Rahmenwerk weiß. Die Brüstung an den Stellen, wo sie in die Nischen abknickt, von versilberten Balustern gestützt. Ihr Behang weiß. Der Balkon in der Brüstung der Schmalseite grün, die Zotten versilbert, ebenso die Schabracke in der Mitte. Der Vasenfuß plastisch, die Vase gemalt. In den Ecken Wappen, Panisken, Vase und Hängerahmen vergoldet. An den langen Seiten in den Nebenfeldern Leinwandgemälde, an drei Seiten goldgerahmt. Im Mittelfeld vermutlich (kein Farbfoto) das Wappen vergoldet, ebenso Muschel, Triton und Nereide und die Brunnenschale. Das überlaufende Wasser, der Baldachin und die Trage-Eisen versilbert.

5,72 x 5,77 m, Höhe 4,80 m. 1708.
Die Orangenbäumchen beziehen sich auf das Haus Oranien. Die Mutter König Friedrichs I. war Oranierin. Auch die Dohnas waren mit den Oraniern verwandt.
Wegen des Betthimmels standen die Orangenkübel auf jeder Seite zweimal, ließen die Mitte frei. Eckpostamente und Kübel (?) Stuck, Orangenbäumchen gemalt. Die Konsolen unter dem Gesims und die Muscheln auf der Stirn des Gesimses sowie die Kübel vergoldet.

5,80 x 8,60 m, Höhe 4,80 m. 1708.
Vorzimmer der Paradesuite von Graf und Gräfin Dohna.
Ausführung siehe Königliche Mittelstube.
Brüstung stuckiert, Zwickelfiguren und Fahnen im Zwickel gemalt. Das Oval des Deckenspiegels wiederholte sich im Holzfußboden.
Die Stückelung der Attikafüllungen bei den Ecken berücksichtigt die Enfilade; der erste Attikapfeiler stand über der Mitte der Tür.
An der langen Seite griff die Bekrönung eines Bilderrahmens, ein Adler mit Fahnen in den Fängen, über das Gesims und machte den Mittelakzent. Das Bild zeigte König Friedrich I. in ganzer Figur.

Lit.:
Grommelt, Carl/v. Mertens, Christine: Das Dohna'sche Schloss Schlobitten in Ostpreußen. Stuttgart 1962.
Ladendorf, Heinz: Der Bildhauer und Baumeister Andreas Schlüter, Berlin 1935. S. 95. 96.
G. P./Wiesinger, Liselotte 2001 S. 121–134.

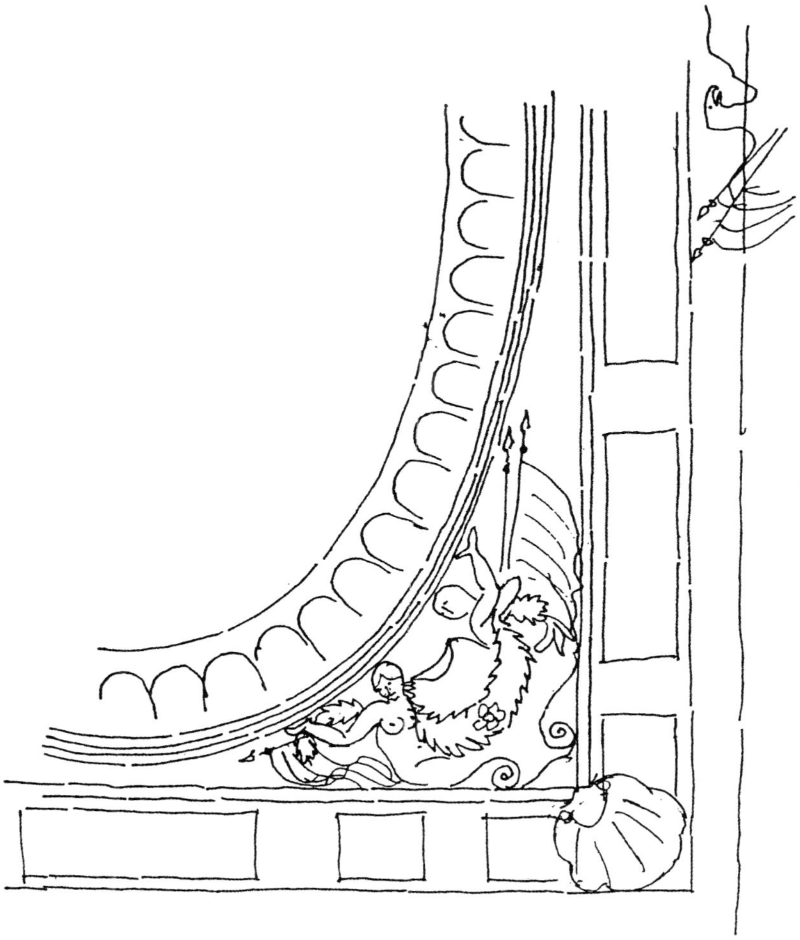

Im Jahr 1707 nahm Paul Anton v. Kamecke Dorf und Gut in Besitz. Er war bis zum Oberhofmeister, ‚grand maitre de la maison royale' aufgestiegen. Paul Anton war ein Vetter des Ernst Bogislaw v. Kamecke, der sich von Schlüter 1712 die Villa in der Berliner Dorotheenstadt S. 198f. hat bauen lassen.
1712 auch hat Paul Anton v. Kamecke in Proetzel Schloss und Lustgarten angelegt; der Entwurf kann älter gewesen sein.
Das Schloss auf dem Hochufer, ein Parterre im Niederufer mit einem 40'= 12 ½ m breiten, 515'= 162 m langen Kanal in den Proetzeler See, beiderseits des Parterres Kastanienalleen, die die Enden des Sees verdeckten. Am Kopf des Kanals eine Treppenkaskade italienischer Art, beiderseits Rampen zu den Parterre-Ecken.
Über das Schloss ist einstweilen nichts sicheres bekannt. Es dürfte wie das heutige mit längs der Terrasse gestellten Flügeln der Breite des Parterres von 165' = 52 m entsprochen haben. Die Terrasse hat Südlage; die Flügel mögen Orangerien gewesen sein.
Die Anlage im ganzen ist eine Vorstufe zu Peterhof bei Petersburg (S. 225), das Schlüter 1713/14 ausgelegt und angefangen hat; das Schloss mit breitgestellten Flügeln Vorstufe des Pavillons Monplaisir ebendort (S. 228f.). Aus diesen Gründen Zuschreibung von Proetzel an Schlüter.
Im letzten Drittel des 18. Jahrhunderts Neubau des Schlosses, der Kanal zugeschüttet, Umgestaltung des Parterres zu einer Rasenfläche. Aus dieser Zeit nachgewiesen im Gegenhang am anderen Ufer konvexe Terrassen und ein Obelisk darüber, der im Schneisensystem des Tiergartens dort verankert war. Die Kastanienalleen beiderseits in den letzten Jahren zusammengebrochen.

Lit.:

Badstübner, E. und Karg, D.: Schlösser und Gärten in der Mark Brandenburg (1) Proetzel. In: Landschaftsarchitektur 4, 1979.
Jacobs, Joachim W.: Proetzel – Garten und Schloss der Familie von Kamecke. In: Brandenburgische Denkmalpflege Jg. 3, 1994.
Schumann, Dirk: Proetzel – Andreas Schlüter und die Schlossanlage. In: Brandenburgische Denkmalpflege Jg. 7, 1998.

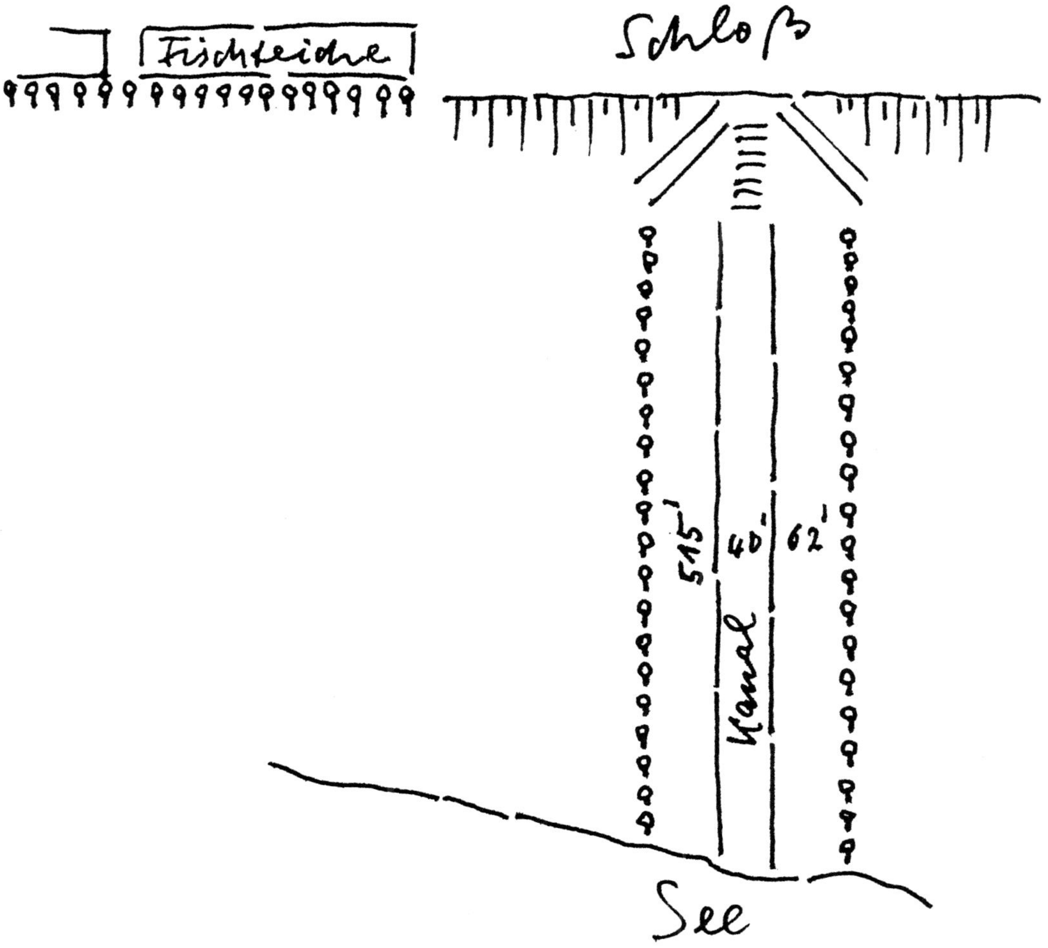
Fischteiche
Schloß
515'
40'
62'
Kanal
See

Fassadenbreite ca. 18 m. In der Köpenicker Vorstadt erbaut für den Schlossvogt Lonicer, der unter dem Bauen die Lust daran verlor. Schlüter kaufte ihm das fertige Haus ab. Er hat Haus und Grundstück bis zu seinem Tode innegehabt.
Villa suburbana in Gartengrundstück von ca. 30 x 100 m. 30 m tiefer Vorhof. Im Haus rechter Hand Geschäftszimmer des Hausherrn 3 x 3,10 m mit Kabinett 2,70 x 2,20 m, unter dem Kabinett Kloake. Geradezu der Saal 6,20 x 5,30 m mit ebensolchem Kabinett. Links die Zimmer der Hausfrau, ihr Wohn- und gemeinsames tägliches Esszimmer wie das Geschäftszimmer des Hausherrn, das Schlafzimmer 4,80 x 2,70 m. Die Maße sind aus dem Kellergrundriss S. 180 unten genommen, können wegen der dünneren Wände im Erdgeschoss größer gewesen sein. Das Erdgeschoss war 3,60 m im Lichten hoch, der Keller 2,40 m. Die Treppe tritt links von der Saaltür an und erreicht vor der Tür ins linke Zimmer Kopfhöhe; darunter Kellertreppe zu rekonstruieren. Die ursprüngliche Treppe dürfte bescheidener gewesen sein, vgl. Villa Kamecke S. 203.
Vor der Gartenfassade (S. 195 unten) hatte sich bis zuletzt die Hälfte der originalen geschwungenen Treppe samt ihrem Eisengeländer (S. 197) erhalten.
Vor 1750 zu einem Stadtpalais erweitert: aufgestockt, an der einen Seite angebaut und mit einem Saal im Obergeschoss versehen, die Innentreppe großzügiger ausgebaut, der originale Saal in Stockwerke geteilt, an der Hofseite (S. 195 oben) die Freitreppe erneuert. 1894 abgebrochen, vorher fotografiert. Der Plan nur grob aus einer Kanalisations-Akte bekannt. Die geradläufige Freitreppe vorn, Mezzanin und Dach der Fassadenzeichnungen Rekonstruktion.
Der Typus des Saales bei Borromini (Klosterhof bei S. Carlo alle 4 Fontane, Saal im Palazzo di Propaganda Fide); auch bei J. B. Fischer von Erlach (Johannesspitalkirche Salzburg).

Lit.:
G. P. : Andreas Schlüters Garten vor dem Köpenicker Tor – Fortsetzung: Die Villa Lonicer. In: Mitteilungen des Vereins für die Geschichte Berlins 104. Jahrgang Heft 1 Januar 2008.

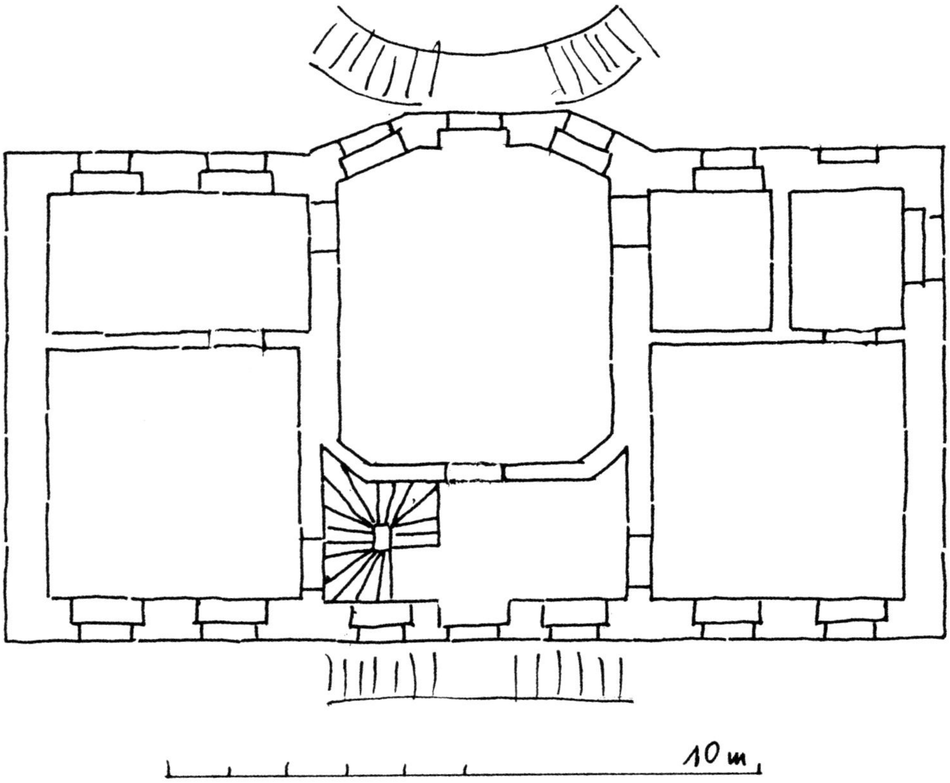
10 m

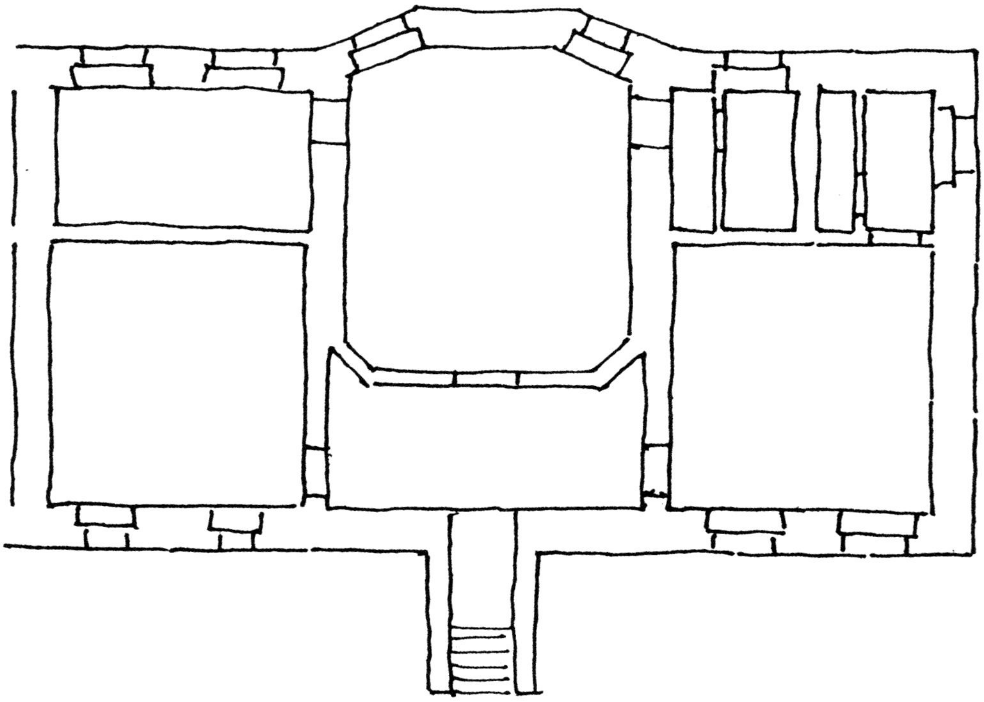

Fassade ca. 35 m breit. Villa suburbana für den Kammerpräsidenten Ernst Bogislaw v. Kameke. Dorotheenstr. 27. Das Grundstück reichte bis an die Spree.
Das Haus stand etwas von der Straße abgerückt mittig zwischen der linken westlichen Grundstücksgrenze und einer Orangerie längs der östlichen Grundstücksgrenze. Die Orangerie hat demnach zur ursprünglichen Disposition gehört. Später befand sich darin der Logen-Saal.
Die Pläne S. 203: Vor der Eingangstür des Hauses lagen nur 3 Stufen (fehlen in den Plänen). Im Eingang ein Podest, von wo beiderseits gewendelte Treppchen in ein unteres Vestibül führten (Gurlitt hat die Treppen nicht mehr gesehn, beschreibt sie falsch). Am unteren Vestibül linker Hand die Küche. Vor der Küchentür eine Nische, von wo aus die Haustür beobachtet werden konnte. Hinter dem unteren Vestibül der Sommersaal. Unter der Gartenterrasse Grotte?
Zum oberen Vestibül führte ein breiter gerader Treppenlauf. Dort geradezu der Saal, beiderseits die straßenseitige Enfilade, in den inneren Ecken das Vorgelege für die Beheizung des Saales und das Treppchen hinauf in die Mansarden. Der Saal maß 7,51 x 9,34 m, in der Höhe 8,63 m. Das Rahmenwerk über den Enfiladetüren (siehe S. 205 unten) bietet ein Beispiel für Schlüters vertrakte Zeichnung, die rätselhaft unterhaltsam sein sollte.
Für die Gartenfassade der eigenhändige Entwurf Schlüters erhalten (S. 200), mit Kellerausgang, anderer Disposition von Terrasse und Blumentreppen und der Gesimsfiguren; schon einskizziert die endgültige Attika der Seitenrisalite und die ovalen Fenster der endgültigen Gaupen.
Im Bautypus abhängig von Gartenpalais des Hofadels am Kaiserhof in Wien (Lorenz). Die Raumform des Saales geprägt von Borromini.
Nach mehreren Besitzwechseln 1779 von der Loge Royal York de l'Amitié erworben. Wohl in der ersten Hälfte des 19. Jahrhunderts Ausbau der Mansarden zu einem Mezzanin und Veränderung der Türrahmen im Saal. 1881-83 große Anbauten (Architekten Ende & Böckmann), dabei die inneren Treppen beseitigt und im Saal Türbekrönungen und Gesims geändert. In der Zeichnung sind die historistischen Türbekrönungen weggelassen. Im II. Weltkrieg ausgebrannt, nachher abgerissen. Spolien im Bode-Museum.

Lit.:
Lorenz, Hellmut: Andreas Schlüters Landhaus Kameke in Berlin. In: Zeitschrift für Kunstgeschichte 56. 1993. S. 153 f.
Hinterkeuser, Guido: Eine Zeichnung von Andreas Schlüter für das Landhaus Kameke. In: Aspekte der Kunst und Architektur in Berlin um 1700. Potsdam 2002.

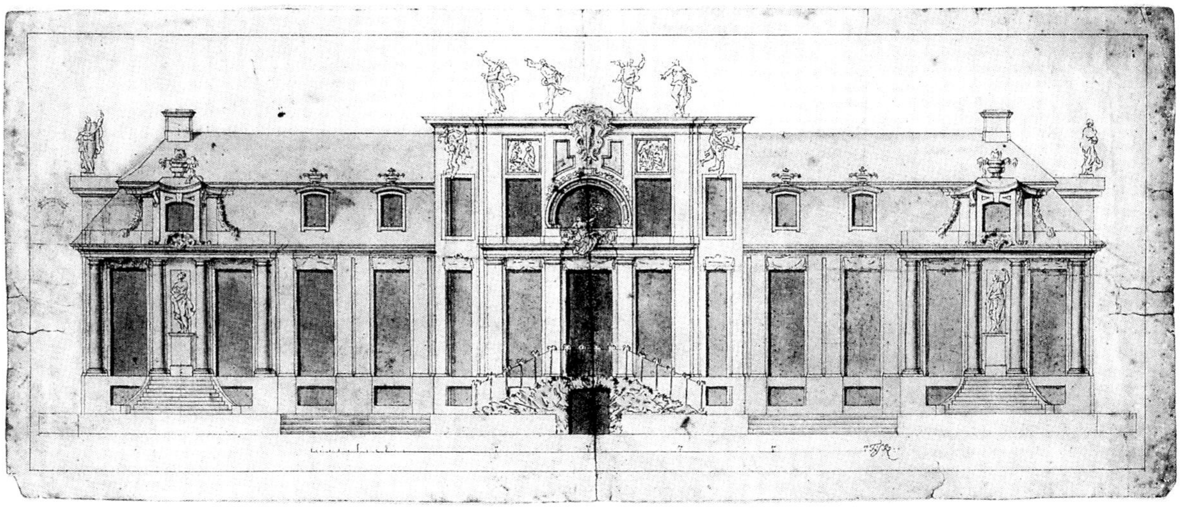

eigenhändiger Entwurf für die Gartenseite und Aufmaß aus der Kaiserzeit, retuschiert

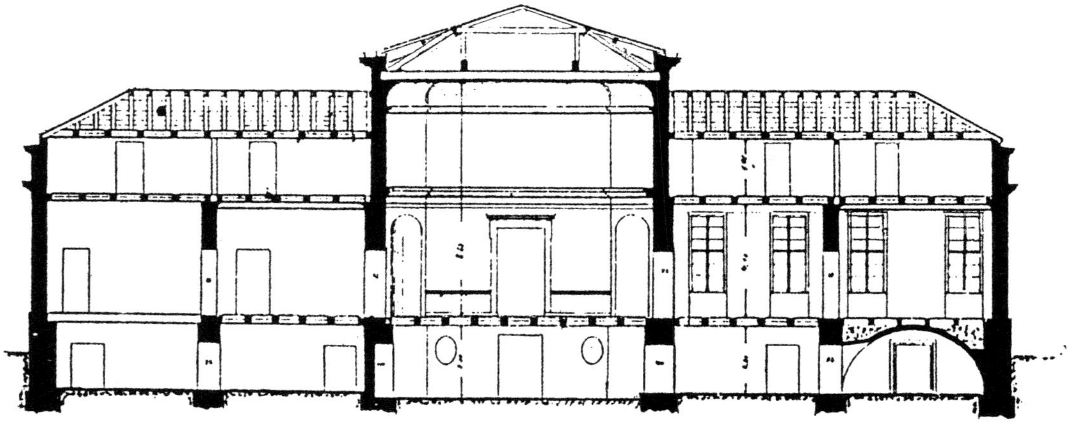

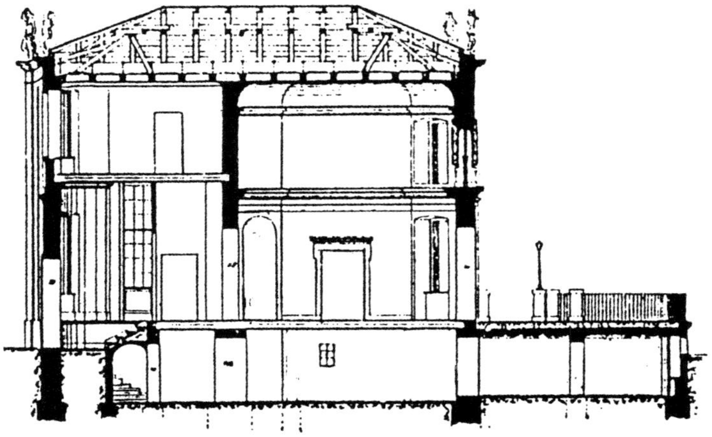

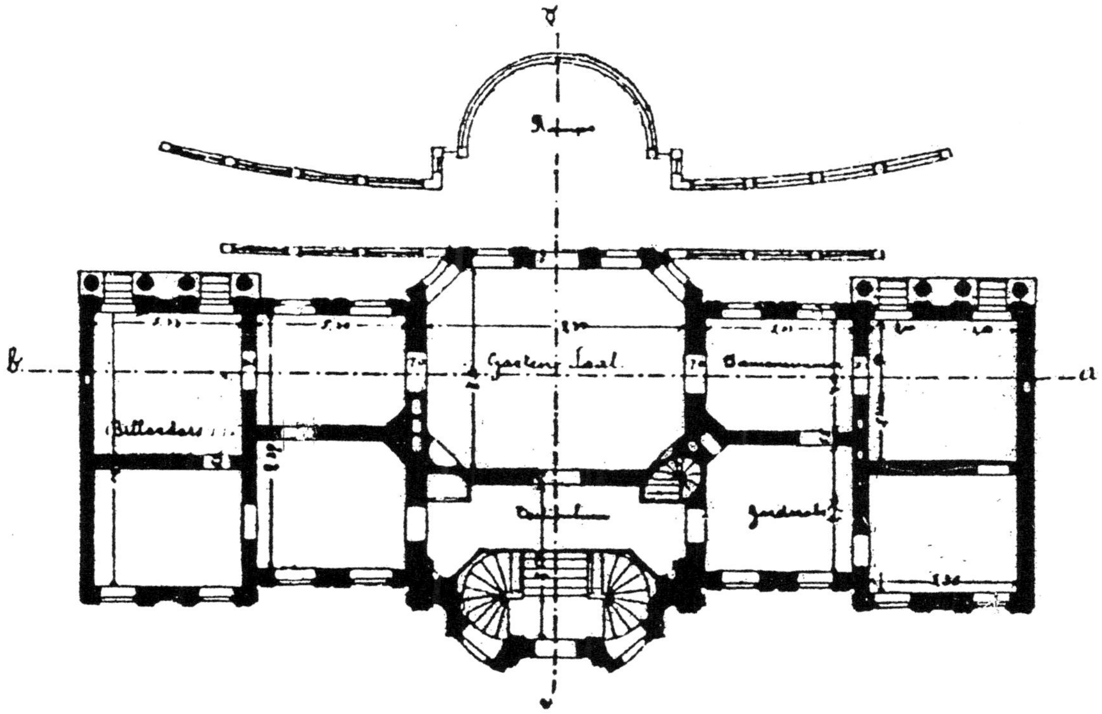
Garten Saal

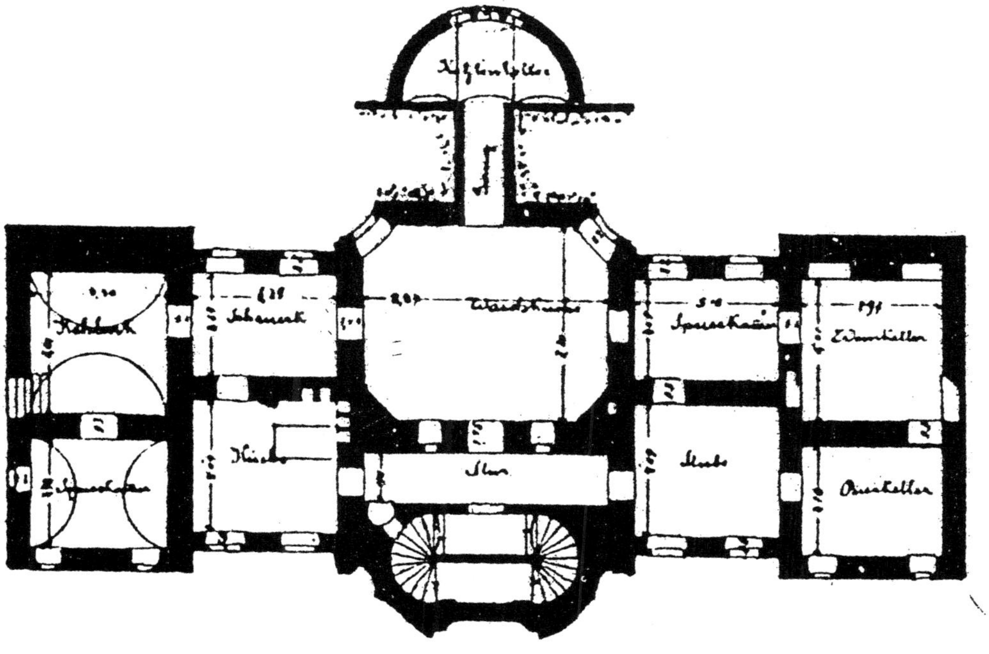

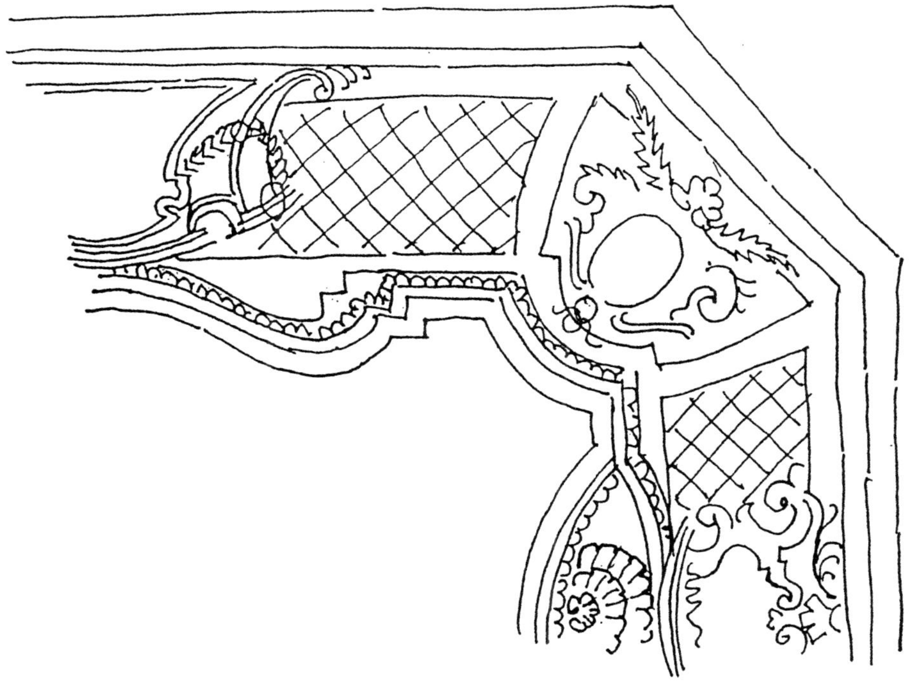

Hochrelief:
Amerika

Für die Parochialkirche der Berliner Reformierten hat Nering 1694 den Entwurf gezeichnet und veröffentlicht. Nach Nerings 1695 erfolgtem Tod übernahm Grünberg den Bau. Grünberg verkleinerte und vereinfachte den Plan. Statt Nerings Dachturm auf der Vierung setzte er einen Turm auf den Vorbau. Als 1698 das Gewölbe einstürzte, befahl der Kurfürst, dass Grünberg und Schlüter jeder einen Entwurf für die Konstruktion der Einwölbung zeichnen sollten. Schlüter nutzte die Gelegenheit, anstatt der Turmspitze, die Grünberg plante, einen (hölzernen) Turmaufsatz vorzuschlagen, der um ein ganzes Stockwerk höher war. Der Bau unterblieb aber. Später hat de Bodt, der dem reformierten Bekenntnis angehörte, den Turmaufsatz wieder anders entworfen, und sein Entwurf ist schließlich von Gerlach ausgeführt worden. Der II. Weltkrieg hat den Turm wieder auf Grünbergs gemauertes Stockwerk reduziert, der Aufsatz brannte ab.

Lit.:
Ladendorf, Heinz: Der Bildhauer und Baumeister Andreas Schlüter, Berlin 1935.

Stiftung der Anna Maria Lehmans, Witwe des George Friederich Fehr, von 1701, und ihres Sohnes. Schlüter gab selbst die größere Hälfte der Kosten dazu.

Die Kanzel stand am 4. Freipfeiler der Nordseite und machte Front gegen Süden. Die Kirche war seinerzeit als protestantischer Predigtraum quer möbliert. Über beiden Seitenschiffen lagen Emporen. Schlüters Engelfiguren reagieren darauf, dass die Raumecke links näher, diejenige rechts über doppelt soweit entfernt war.

1893/94 wurden die Emporen beseitigt, das Gestühl zum Chor hin ausgerichtet. Um 1950 wurde die Kanzel an den ersten Freipfeiler versetzt und gegen Westen gedreht, sodass von Schlüters räumlicher Konzeption nichts übrig ist.

Kanzel und Engel sind Alabaster, der Schalldeckel samt der Glorie darüber Holz stuckiert. Die originale Kanzeltreppe ist der Versetzung und Drehung der Kanzel um 90° zum Opfer gefallen; sie lag im Schatten der Empore und war beschnitztes braunes Holz.

Schlüter hat für die Kanzel ein Stück des gotischen Pfeilers herausgeschnitten und durch zwei Paare von Sandsteinsäulen ersetzt, zwischen denen der Prediger die Kanzel betritt. Die Säulen sind ursprünglich rot marmoriert gewesen.

Lit.:

Borrmann, Richard: Die Bau- und Kunstdenkmäler von Berlin. Berlin 1893.

Gurlitt, Cornelius: Andreas Schlüter. Berlin 1891. S. 107.

Ladendorf, Heinz: Der Bildhauer und Baumeister Andreas Schlüter, Berlin 1935. S. 24, Anmerkung 147, S. 135.

Guido Hinterkeuser: Berlin 1706 und 1708 [...] in Beschreibungen und Zeichnungen des mecklenburgischen Architekten C. F. G. von dem Knesebeck. Berlin 2006.

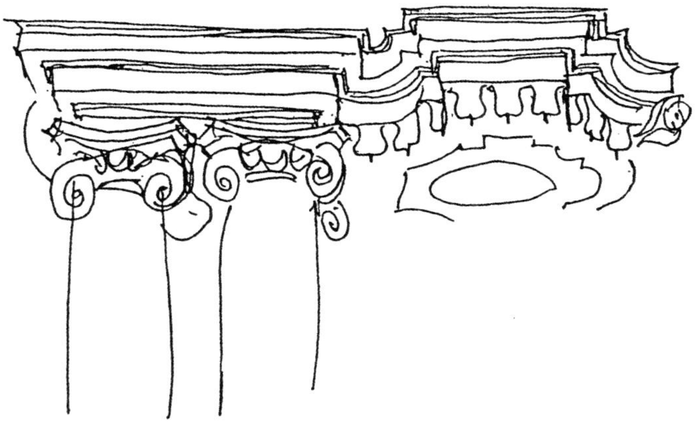

Türe zur Gruft des Hofgoldschmieds Daniel Männlich und seiner Frau, Sandstein, mit dem Doppelporträt der Eheleute in Bronze (dieses 1945 f. von Buntmetalldieben geplündert und verloren).

Lit.:

Gurlitt, Cornelius: Andreas Schlüter. Berlin 1891. S. 108.
Ladendorf, Heinz: Der Bildhauer und Baumeister Andreas Schlüter, Berlin 1935. S. 24.

Gegenwärtiger
Fussboden d. Kirche.

Ausgeführt 1707/08 durch den dortigen Bildhauer Phalert, zunächst mit 2 aus Berlin angeworbenen Gesellen, dann mit dem später in Stralsund niedergelassenen Elias Keßler. Vergoldung, Marmorierung und Rückseite der Strahlenglorie erst aus den 1730er Jahren.
Die Strahlenglorie und der Hängerahmen im Retabel doppelseitig gedacht. Im Hängerahmen vorn ein Abendmahlsbild. Auf der Rückseite sollte eine Ölbergszene angebracht werden. Beide hatte Schlüter gemalt vorgesehen; sie sind aber geschnitzt worden. In Schlüters Entwurf sollten hinter den vorgekröpften Säulen nochmals Säulen stehen, also an jeder Seite drei, damit das Gesims auch auf der Rückseite aussetzen konnte, um den Hängerahmen auch von hinten sehen zu lassen. Die dritte Säule war im Aufriss nicht zu sehen. Phalert hat sie weggelassen.
Der Entwurf wegen eines Messfehlers Phalerts nur zu 3/4 seiner Größe ausgeführt. Das macht räumlich/plastisch 27/64, weniger als die Hälfte. Das falsche Maß wurde erst bemerkt, als man schon ein halbes Jahr in der Werkstatt am Altar gearbeitet hatte. Von den zu großen Stücken verwendet der Kruzifixus, die Putten und Vasen mit den Glaubensflammen, die schönen Schabrackenkapitelle und die Festons der Chorschranken.
Schlüter hatte die Höhe der Chorschranken übernommen. Der Bauherr ließ sie um anderthalb Meter auf Höhe des Architravs des Retabels anheben. Das verdarb die perspektivische Wirkung des Ganzen.
Die Zeichnung gibt den rekonstruierten Entwurf Schlüters.

Lit.:

Gurlitt, Cornelius: Andreas Schlüter. Berlin 1891.
Kothe, Julius: Der Altar der Stralsunder Nikolaikirche. In: Die Denkmalpflege, Bd. 25, 1923, S. 152f.
G. P.: Andreas Schlüters Entwurf für den Hauptaltar der Stralsunder Nikolaikirche, 1706. In: Mitteldt. Jb. f. Kultur u. Geschichte 16, 2009.

Abend-
mahl
Glorie

Petersburg, 1713/14

Als Schlüter 1713 nach Petersburg kam, war der Sommerpalast oder das Sommerhaus eben in der Breite verdoppelt worden. Der Zar hat Schlüter hier wohnen lassen, er wollte ihn um sich haben. Die Inneneinrichtung der neuen Haushälfte – es ist die zum Garten hin liegende – dürfte zum Teil unter Schlüters Augen, z.T. nach seinen Zeichnungen gemacht worden sein. Teile des eichenen Ausbaus von Vorhaus und Flur mit borrominesken Gesimsen und Schabrackenkapitellen, und besonders deutlich der Grüne Salon der Zarin im Obergeschoss tragen Schlüter'sches Gepräge.

Täfelung grün lackiert. Schabrackenkapitelle und Profile vergoldet. Ovale Bilderrahmen weiß mit vergoldeten Profilen. Grund der Füllungen darunter rosa, ebenso die mittleren Füllungen im Sockel und die breiten Nuten der kleineren Füllungen beiderseits davon. Die Türrahmen der in die Täfelung eingelassenen Glasschränke holzsichtig braun. Der Kamin samt seinem Wandfeld weiß. Der Kaminaufsatz ähnelt der Supraporte vor den Polnischen Kammern im Berliner Schloss Abb. S. 21.

Lit. allgemein zu Petersburg:

Bruce, Peter Henry: Memoirs of P. H. B., Esq. A military officer in the services of Prussia, Russia & Great Britain. Containing An Account of his Travels in Germany, Russia, Tartary, Turkey, The West Indies, &c. as also Several Very Interesting Private Anecdotes of The Czar, Peter I. Of Russia. Dublin 1783.

Grabar, Igor: Geschichte der russischen Kunst. Bd. III. Petersburgische Architektur. Moskau o. J. (ca. 1910).

Hallström, Björn Henrik: Der Baumeister Andreas Schlüter und seine Nachfolge in St. Petersburg. In: Konsthistorisk Tidskrift Jg. XXX 1961. S. 95f.

Ders.: Peterhof. In: Konsthistorisk Tidskrift Jg. XXXIII 1964. S. 50f.

Kowalenskaja, N.: Geschichte der russischen Kunst im 18. Jahrhundert. Moskau/Leningrad 1940.

Marsden, Christopher. Palmyra of the North: The First Days of St. Petersburg. London 1943 (2. Auflage).

G. P.: Neue Literatur über Andreas Schlüter. In: Zeitschrift für Kunstgeschichte 30. Band 1967. S. 229 f.

Stählin, Jacob v.: Originalanekdoten von Peter dem Großen (Nachdruck der Erstausgabe von 1785). München o. J.

Wallé, Peter. Schlüters Wirksamkeit in Petersburg. Berlin 1901.

Wittram, Reinhart: Peter I. Göttingen 1964.

Woronichina, A. N.: Petersburg und seine Umgebung im ersten Drittel des 18. Jahrhunderts in Zeichnungen und Skizzen. Leningrad 1972.

Lit. zum Sommerpalast:

Kroll, Renate: Andreas Schlüter und der Sommerpalast Peters I. In: Forschungen und Berichte Bd. 17. Berlin 1976.

Gemälde
Putto
Putto
Putto

1714 f. Breite der Gartenfassade einschließlich der seitlichen Säulen ca. 24 m.
In Beschreibungen des Sommergartens wird, nächst den Springbrunnen, die Grotte an vorderer Stelle genannt.
Der Befehl zum Bau datiert vom 2. Mai 1714, dem Monat von Schlüters Tod. Sein Schüler Mattarnovi hat den Bau geführt, kam aber unter Leitung von Schlüters Nachfolger Le Blond. Nach Mattarnovis und Le Blonds Tod 1719 leitete Nicola Michetti bis 1723 die Arbeiten, danach Semzow. 1725 wurde die Grotte fertig. Die beiden letztgenannten dürften nur noch mit der Ausstattung befasst gewesen sein.
1801 wurde die Grotte aufgegeben. 1826 klassizistische Überforumg zum Kaffeehaus nach Entwurf von Carl Iwanovitch Rossi. Neue Kuppel.
Die Grotte enthielt einen dreiteiligen Saal, ca. 14 ½ m breit, zum Garten hin, zur Fontanka hin zwei Kabinette zu etwa 5,12 m Breite und 4,20 m Tiefe, dazwischen einen Korridor, 1,60 m breit, mit Hinterausgang und einem Treppchen von knapp 90 cm Breite. Über dem Mittelteil des Saales stieg eine Klosterkuppel mit Laterne auf. Im Hintergrund dieses Raumes, der für sich 8,45 m breit und 9,15 m tief war, sah man eine Brunnennische mit Neptun auf einem Viergespann. Die beiden Seitenflügel des Saales, jeder 6 m breit und 5,73 m tief, boten an ihren Enden Nischen mit Wasserorgeln, von denen die eine Vogelstimmen hören ließ. Hier waren als besondere Kostbarkeiten Antiken aufgestellt. Von den Kabinetten war das rechte degagiert. Im linken gab es ein geheimes Sprachrohr zu der Treppe im Korridor: so konnte der Zar überraschend eines der Wasserspiele in Gang zu setzen befehlen. Vielleicht sind die eigenartigen Kästen über den Flügeln in Semzows Schnitt als Wasserbehälter zu verstehen. Die Wasserbehälter der Grotte speisten auch die Springbrunnen im Garten. Die Kuppeln waren massiv gewölbt. Die ganz flachen Gurte zwischen den Saalteilen müssen eisenbewehrt gewesen sein.
Die Vedute der Fontanka-Seite Abb. S. 221 zeigt nur Schlüter'sches Formenrepertoire. Dass der Mittelrisalit Pilaster hat, den Schmalseiten aber Säulen vorgestellt sind, erinnert an die Gartenfassade der Villa Kamecke mit den Säulen vor den Seitenrisaliten, die dort wie hier zu Alleen vermitteln sollten. An den Schmalseiten hatte Schlüter zwischen den Säulen an den Ecken einen einzigen ungefähr quadratischen Wandspiegel angeordnet (Abb. S. 221 stimmt an dieser Stelle nicht). - Schlüters Fassaden liefen ringsherum bis an den Mittelrisalit. Dieser, französich gequadert, mit den Figurengruppen nach französischer Mode unten davor, war offensichtlich ein Eingriff von Le Blond. Die Attikafigurren, die unglücklich auf seinen Ecken stehen, sind Überbleibsel der vorherigen Anordnung, wo die Figuren wie an der Wasserseite organisch aus einer Eck-Quaderkette emporwuchsen.
In Semzows Grundriss geraten die Gewölbe über den Seiten versetzt zu den Enfiladen. Die Wölbungen über den Saalflügeln mussten, wie im Schnitt zu sehen, um die Breite des Gurtes beschnitten sein, der sie von der Mittelkuppel trennt. Beim Eintritt in die Grotte war das nicht zu erkennen: kein Kunstfehler, barockes Raffinement.
Semzows Bestandszeichnungen sind übrigens in Rheinischen Fuß bemaßt, offenbar nach dem originalen Entwurf durchgestochen.
Die Nachricht, Schlüter habe die Grotte entworfen, scheint demnach glaubwürdig.

Lit.:
Grabar, Igor, Geschichte der russischen Kunst Bd.III S.71,73.
Natalia Dimitriewna Kareewa/ Irina Nikolaewna Barinova, Grot w Letni Sad. Petersburg o.J.

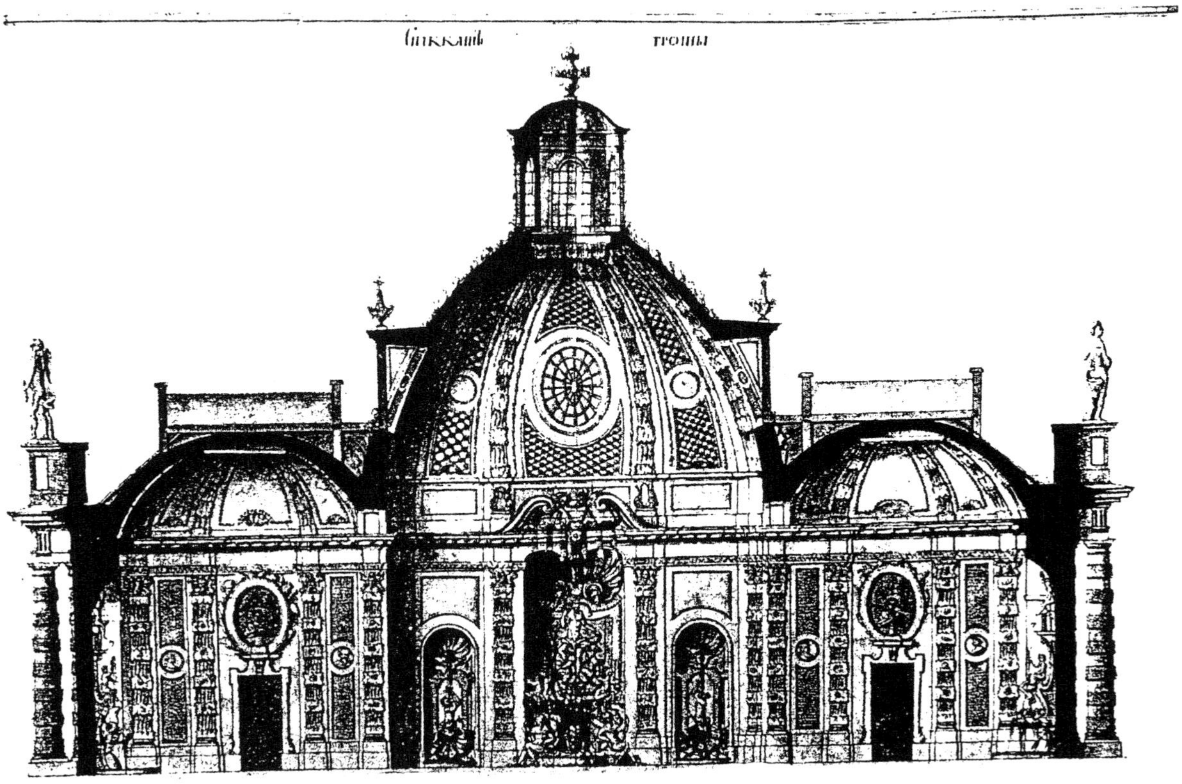

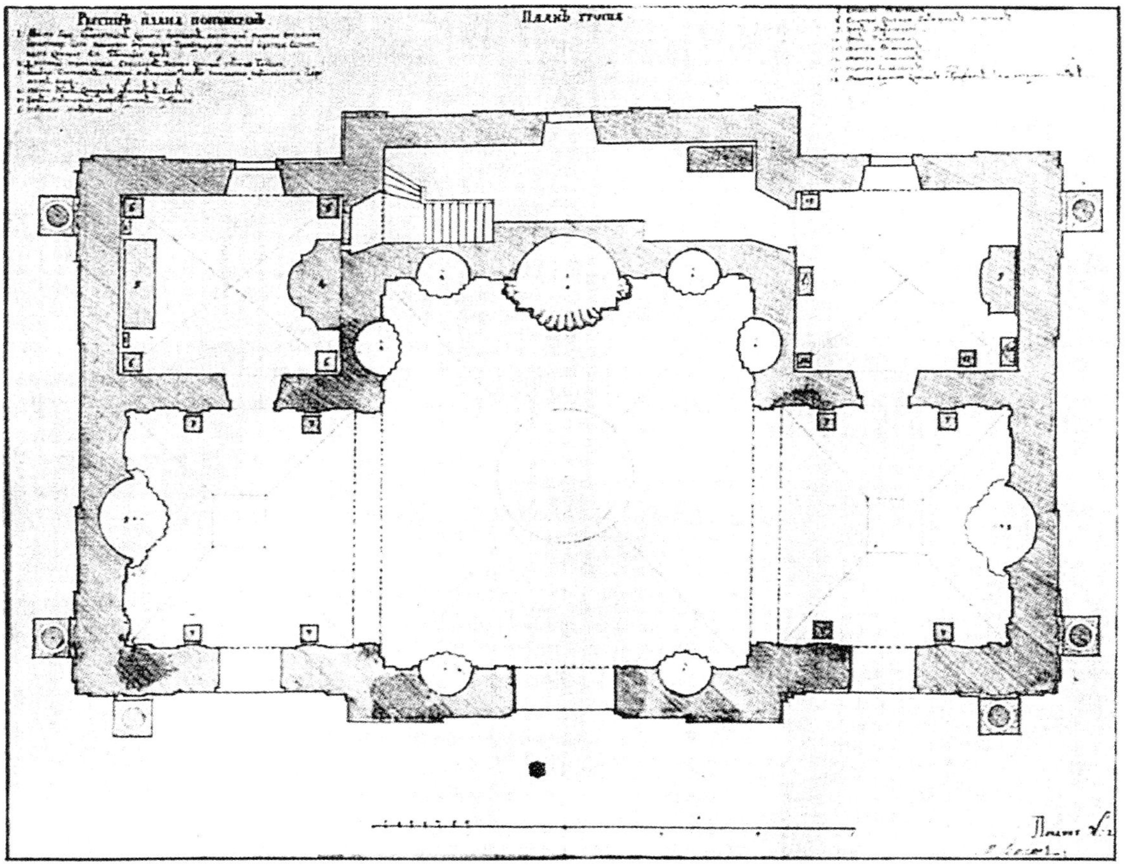

Im ältesten überlieferten Lageplan, signiert von Schlüters Assistenten Braunstein, im Niederufer die westliche Parkhälfte noch nicht in Angriff genommen, der Steilhang des Hochufers erst bis an die Mittelachse von Monplaisir reguliert. Braunstein hat später noch die Gegen-Schrägschneise zu derjenigen auf Monplaisir, auf seinen Pavillon Eremitage, in Richtung auf Kronstadt angelegt. Der Lageplan, also 1714 etwa, mit dem Zustand der Anlage bei Schlüters Tod. Das große Parterre landeinwärts noch heute in diesem Umriss erhalten. Die Zeichnung S. 225 gibt einen Ausschnitt des Plans.

Das Schloss als ein neuer Typus in Schlüters Werk. An der Eingangsseite – hier die Landseite, Süden – in der Massengliederung möglichst starke Staffelung in die Tiefe vermöge der Schulter–Rücklagen hinter den kräftigen Eckrisaliten, auf der Parkseite – hier die Seite zu Kaskade, Kanal und Ostsee – weite Ausspannung in die Breite. Entsprechend am Palais Kikin in der Stadt. Mit diesem stimmen auch die Maße des Grundrisses überein.

Neu in Schlüters Werk auch der ‚Venezianische Saal' (Tiefenrichtung, Fenster an den Schmalseiten), der sich im Grundriss von Monplaisir wiederfindet. Mit diesen Neuerungen kommt Schlüter auf sein frühes Vorbild Tylmann van Gameren und dessen polnische Adelspaläste zurück (Hallström).

Die falsch gezeichnete Treppe im Plan in einer Entwurfszeichnung, in der den Eckpavillons des Schlosses italienische Schnörkelgiebel aufgesetzt sind, vermutlich nach dem Tode Le Blonds, der nach Schlüter Chefarchitekt wurde, 1719 datierend. Die Terrasse vor der Landseite wohl von Le Blond; sie ist später zu Räumen aufgestockt worden.

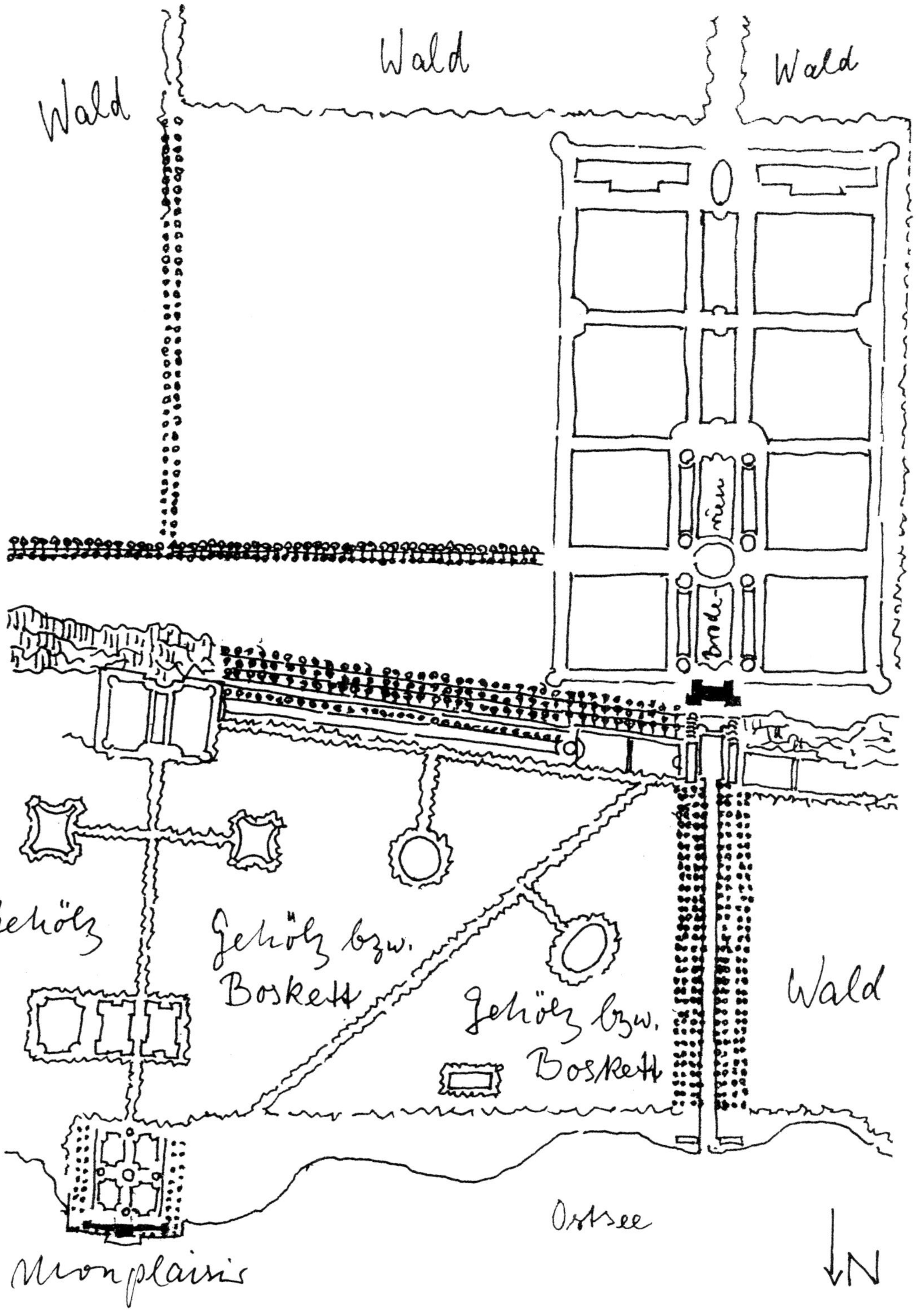
Wald
Wald
Wald
Gehölz
Gehölz bzw.
Boskett
Gehölz bzw.
Boskett
Wald
Ostsee
Monplaisir
N

In der ältesten Ansicht, einer Vogelschau, gestochen von Rostowzow, retuschiert von Hallström und nochmals von G. P., Kaskade und Schlossflügel in Schlüter'schen Formen, der Mittelpavillon des Hauses jedoch im Original des Stiches in Le Blonds Gestaltung, dessen Fenster und Balkon Hallström nach einem Fund in den russischen Akten hat auf die Serliana Schlüters reduzieren können. Ich habe in Hallströms Collage noch Le Blonds Mansarddach und Dreiecksgiebel aus der Darstellung getilgt. Der Stecher hat die Belvedere–Dächer als Kästen missverstanden.
Die Gliederung der Flügel ähnlich an der ‚Alten Post' in Berlin, diejenige der Grottenfassade zwischen den Kaskaden ähnlich am Mittelgeschoss des Turmes der Kunstkammer.
Das Schloss im laufenden 18. Jahrhundert um sein Mehrfaches erweitert, der Park vielfältig ausgebaut, Kaskade und Grotten kaum verändert erhalten bzw. nach Kriegszerstörung wiederhergestellt.
Von Hallström als Werk Schlüters erkannt.

Lit.:
Hallström, Björn Henrik: Der Baumeister Andreas Schlüter und seine Nachfolge in St. Petersburg. In: Konsthistorisk Tidskrift Jg. XXX 1961. S. 95f.
Ders.: Peterhof. In: Konsthistorisk Tidskrift Jg. XXXIII 1964. S. 50f.
G. P.: Neue Literatur über Andreas Schlüter. In: Zeitschrift für Kunstgeschichte 30. Band 1967. S. 229f.

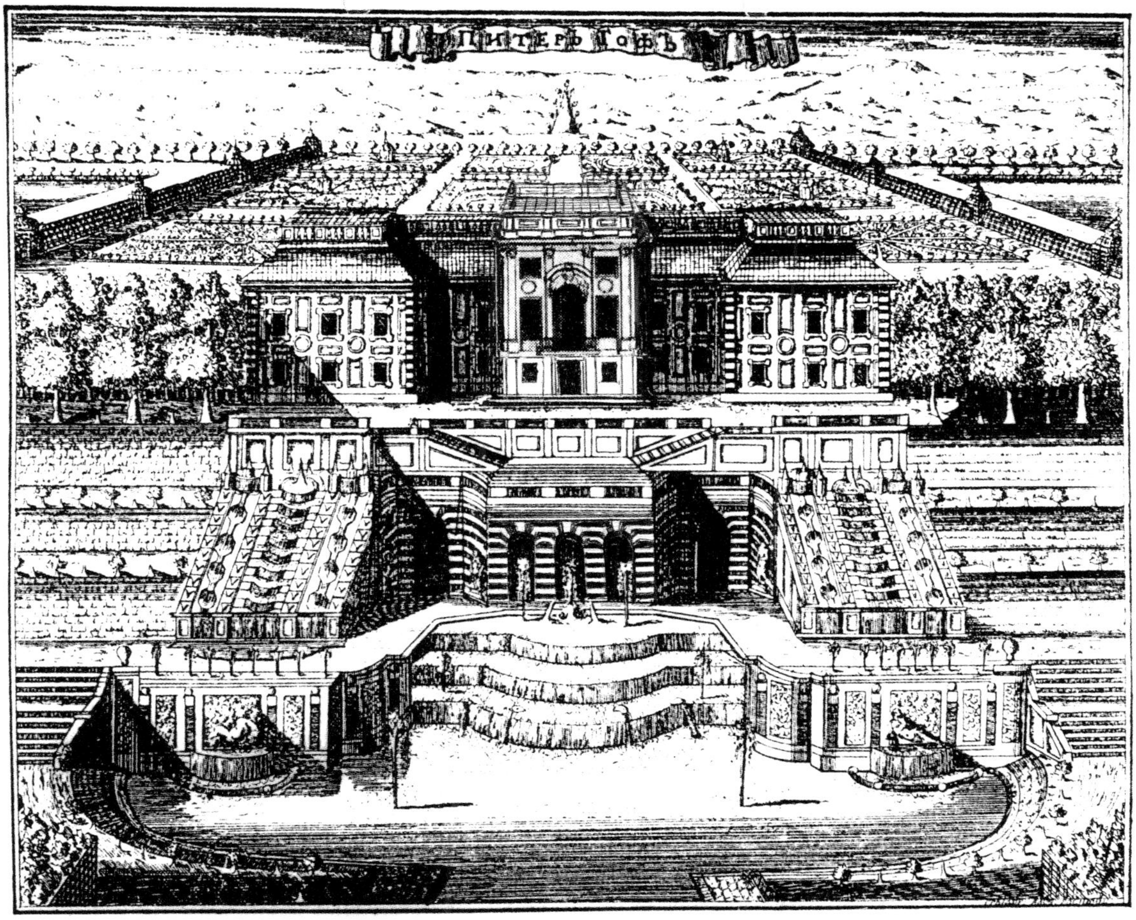
ПИТЕРЪ ГОФЪ

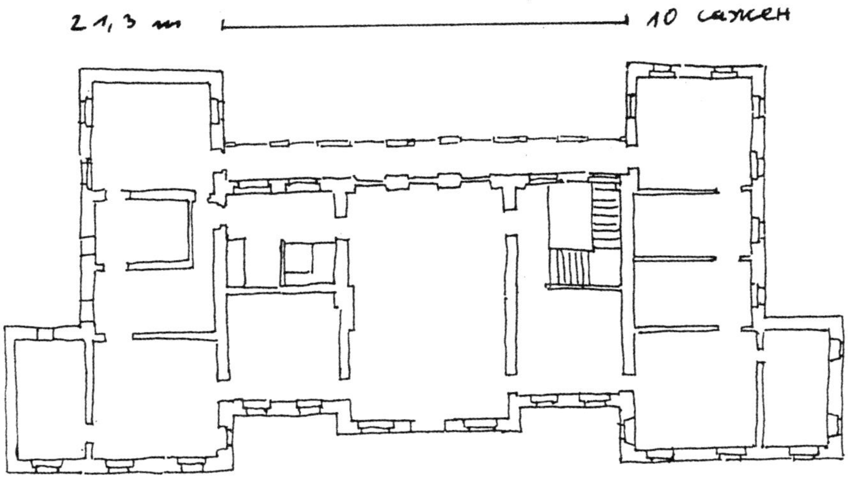
21,3 m
10 сажен

Das am östlichen Arm der Patte d'Oie von Peterhof (siehe S. 225) unmittelbar an der See gelegene Schlösschen der Zarin Katharina diente zunächst dem Zaren, sich während des Baus des großen Schlosses bei der Baustelle aufzuhalten
Längs der Seeseite (Abb. S. 229) eine Terrasse, vor dem Mittelpavillon in die See vortretend. An der Binnenseite (Abb. S. 230), die nach Süden blickt, ganz verglaste Galerien mit Gemäldesammlung. Die Pavillons an den Enden (‚Lusthäuser') mit Kuppeln und Oberlicht. Der Saal im Mittelpavillon über den Enfiladen zimmerhoch, in der Mitte Klosterkuppel, entsprechend dem Dachaufsatz.
Der Mittelpavillon in Holländischem Stil: dünne (einsteinsche) Backsteinwände (in meiner Zeichnung S. 229 unten nach einem Blatt in Stockholm sicherlich zu dick angegeben), außen unverputzt, Türen und Fenster in Blockrahmen, Schiebefenster, die Fugen in den Quaderketten und die Spiegel über den Fenstern weiß. Alles Holzwerk an Gesimsen, Gaupen und die ganze Südseite der Galerien samt Balustraden weiß gestrichen. Holländische Küche und in 2 Zimmern die Sockel mit holländischen (in Petersburg hergestellten) Kacheln.
Binnenwärts in Breite des ganzen ein längsrechteckiges Parterre, dann im Gehölz vereinzelte Gartenanlagen, an der Mittelachse aufgefädelt, schließlich vor dem Hang Parterre, im Hang Grotte, vgl. S. 225. Das Parterre am Haus heute noch in diesem Maß vorhanden.

Venezianischer Saal (vgl. dazu Schloss Peterhof S. 227 und 224).
Der Mittelpavillon außen mit Schlüters borrominesken Gesimsen. Galerien und Endpavillons mit Lehrbuchdetail in unsicheren Proportionen, offensichtlich nach einem kleinmaßstäblichen Massenmodell wohl von Braunstein detailliert. Der Innenausbau an Stuck und eichenen Täfelungen wohl auch von Braunstein entworfen. Der Kamin im Lack– und Porzellankabinett ähnlich dem in der Drap d'Or-Kammer des Berliner Schlosses (vgl. S. 101). Die sehr schönen gemalten Decken 1717 f. von Philipp Pillement.
In den Außenfassaden die Attiken über den Saalachsen verloren. Im II. Weltkrieg Unterkunft deutscher Belagerer. Alle Täfelungen verheizt, die Kacheln geplündert. Sofort nach dem Krieg wiederhergestellt.
Von der russischen Forschung als Werk Schlüters erkannt.

Lit. wie Peterhof, dazu:
Gessen, A. E./Tichomirowa, M. A.: Über die Restaurierung des Schlosses Peters I. ‚Monplaisir' in Peterhof. In: Anschauung und Deutung. Willy Kurth zum 80. Geburtstag. Berlin 1964. (Studien zur Architektur und Kunstwissenschaft Bd. 2, herausgegeben von G. Strauß.)

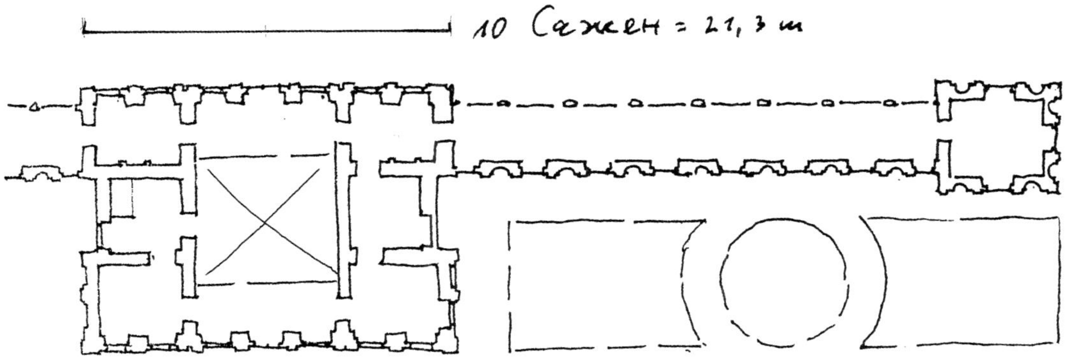
10 Сажен = 21,3 m

Die Kunstkammer war als Sitz der in Gründung befindlichen Akademie der Wissenschaften vorgesehen. Bei Eröffnung der Akademie 1725 bekam diese das benachbarte Palais als offiziellen Sitz. Die Kunstkammer enthielt in jedem Flügel in Hauptgeschoss und Mezzanin einen einzigen Saal, einerseits die Bibliothek, anderseits die Mustersammlung von handwerklichen Kunststücken, auch Kunstwerken, von Naturalien, und von Messinstrumenten (wenn der Inhalt der Berliner Kunstkammer übertragbar ist). In der gestochenen Ansicht des Bibliothekssaals (S. 239) die vordere Quer-Kolonnade samt Quer-Balkon, die den Raum einfassen, vom Stecher bzw. Zeichner weggelassen. Im Erdgeschoss Druckerei, Setzerei, Schriftgießerei, Buchbinderei, mechanische Werkstätten, Glasschleiferei, Steinschneiderei, Drechslerei. In den Eckpavillons wohl auch Sitzungssäle und Wohnungen. Der Turm war Sternwarte. Die Eckkabinette über Traufhöhe für Passage-Instumente. Im großen Bogengeschoss (Tambour) steht wieder der Gottorfer Globus, für den es entworfen ist. Dieser ist betretbar und innen Himmelsglobus, außen Erdglobus.
Nach einem von Schlüter hinterlassenen Modell „für eine Akademie" gebaut, das nicht nur (wie das für die Flügel von Monplaisir) Massenmodell gewesen sein kann. Das Detail ist nicht Schüler-Entwurf, sondern z.T. verwässertes Original: die Putzspiegel an den Flügeln S. 238 vgl. Berliner Schloss, Außenfassaden S. 25, 31 und 35, die Fensterrahmungen in der Mitte der östlichen Schmalseite S. 235 ebendort, auch S. 27 und S. 28. Die Eckpavillons ähneln denen des Schönen Marstalls für Berlin S. 155, der Mittelturm demjenigen im Entwurf für Schloss Charlottenburg von 1705/06 S. 172f.
Die Bauleitung hatten nacheinander Schlüters Assistent Mattarnovi, Nikolaus Friedrich Härbel, schließlich Chiaveri.
Die Fassade zur Newa bekam in den 1720er Jahren riesige Schnörkelgiebel aufgesetzt, während auf der Rückseite Schlüters Attiken bestehen blieben. Später sind die Freitreppen vor dem Mittelbau und vor den Seiten der Eckpavillons verloren gegangen.
Im II. Weltkrieg Beschädigungen. Bei Wiederherstellung die Schnörkelgiebel entfernt, sodass der Bau wieder in originaler Form steht.

Lit. wie Sommerhaus, ferner:
Hempel, Eberhard: Gaetano Chiaveri. Dresden/Hanau am Main 1955/1956.
Conspectus aedium Imperialis Academiae Scientiarum Petropolitanae. 1741.

Ich verwende hier auch eine Arbeit von Carlo Bergner aus meinem Seminar.

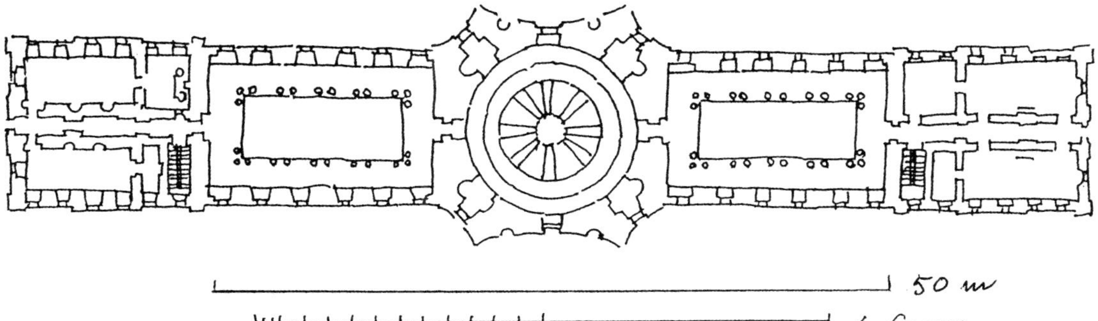
50 m
12.
24. Саженu

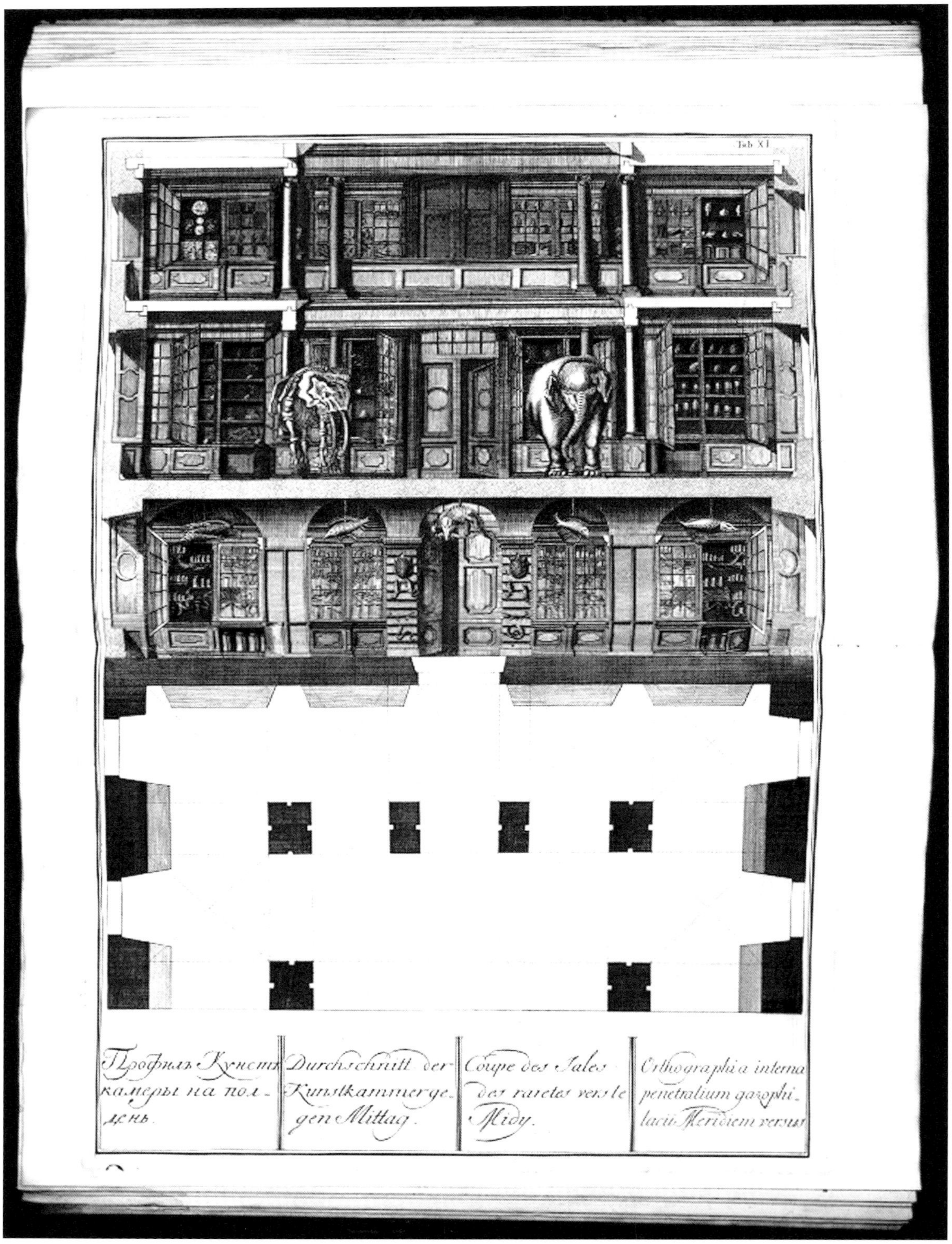
Tab. XI
Профиль Кунсткамеры на полдень.
Durchschnitt der Kunstkammer gegen Mittag.
Coupe des Sales des raretes vers le Midy.
Orthographia interna penetralium gazophilacii Meridiem versus

Tab. XII
Perspectivischer aufriß von der Bibliothec des zweiten und dritten Stockwerks
Prospect de la Bibliotheque qui est au second et troisieme Etage.
Scenographia penetralium Bibliothecæ in secunda et tertia contignatione

Graf Alexander Wassiljewitsch Kikin ließ dies Haus etwas außerhalb der Stadt anlegen; es ist also zuerst eine Villa suburbana gewesen wie die Berliner Villen Lonicer S. 194f. und Kamecke S. 198f.
Das Palais ist klassizistisch überputzt gewesen, die barocke Gliederung erst nach Zerstörungen im II. Weltkrieg erkennbar geworden. Die Schlüter'sche Fassung hat aus einstöckigen Flügeln mit Mansarddach und einem Mittelbau, vermutlich ohne Giebel und Giebelgeschoss, bestanden, wie ungefähr (nach Hallström) gezeichnet. Selbstverständlich kann der ursprüngliche Bau Attiken und Balustraden ganz unbekannter Form getragen haben. Gut schlüterisch die Stellung der Gaupen der Rücklagen über den Pilastern. Die von der Denkmalpflege rekonstruierte Hufeisenform des großen Blendbogens in der Mitte hat schon Hallström in einen Halbkreis auf Kämpfern abgeändert.
1728 von Bartolomeo Rastrelli aufgestockt, die Flügel in den Formen Schlüters.
Von Hallström als Werk Schlüters erkannt.
Das Haus entspricht mit den Eckrisaliten und Schulterrücklagen Peterhof (vgl. S. 227), in den Maßen wie gezeichnet war es eine Erweiterung der Villa Kamecke in Berlin. Wie dort wird ein anderthalbstöckiger Saal ausgebildet gewesen sein. Selbst die Breitenmaße von Saalpavillon, Rücklagen und Eckrisaliten stimmen mit denen der Villa Kamecke überein, wie Hallström ermittelt hat.

Lit. siehe unter Peterhof.

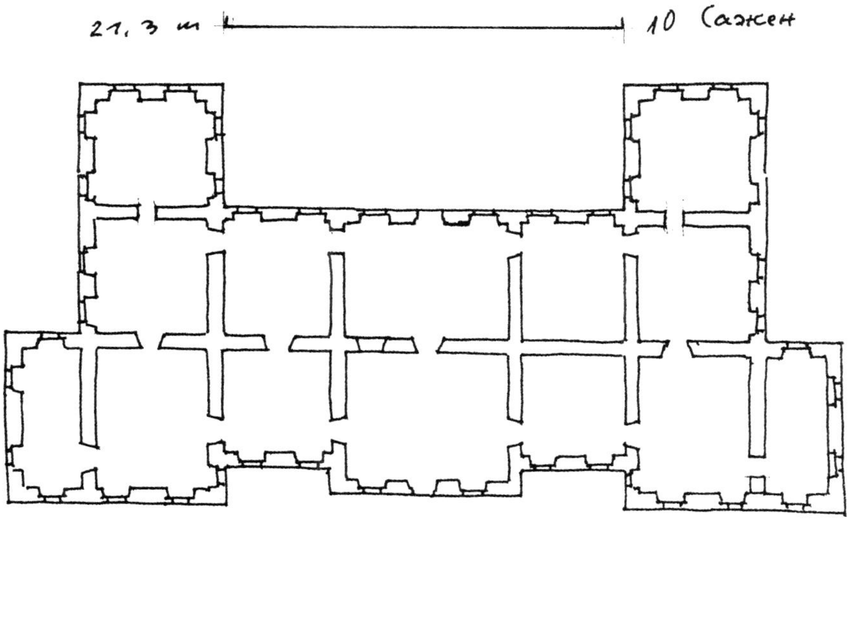
21,3 m
10 Сажен

Fürst Menshikov ließ sich auf halbem Wege zwischen der Stadt Petersburg und dem Schloss Peterhof das Landhaus Favorit erbauen. Schon 1745 war das Haus völlig verfallen. Indessen hat die russiche Forschung die Grundmauern finden, den Kellergrundriss feststellen können.
Von Hallström als Werk Schlüters erkannt.
Ähnlich wie bei den Villen Lonicer und Kamecke ein Vorhaus mit Treppe zu einem oberen Vorplatz mit Begrüßungsbalkon davor, bzw. Begrüßungsfenster, und Zugang zu den Mansardenkammern. Der Saal mit 2 Stützen im Keller unterfangen. Unbekannt bleibt, ob der Saal zweistöckig gewesen ist wie in den Berliner Villen, oder 2 Säle übereinander ausgebaut waren (der Zar mochte keine großen Räume). Das verhältnismäßig große Treppenhaus (meine Grundrisslesung, Treppe von mir) weist auf einen oberen Saal.

Lit. siehe unter Peterhof.

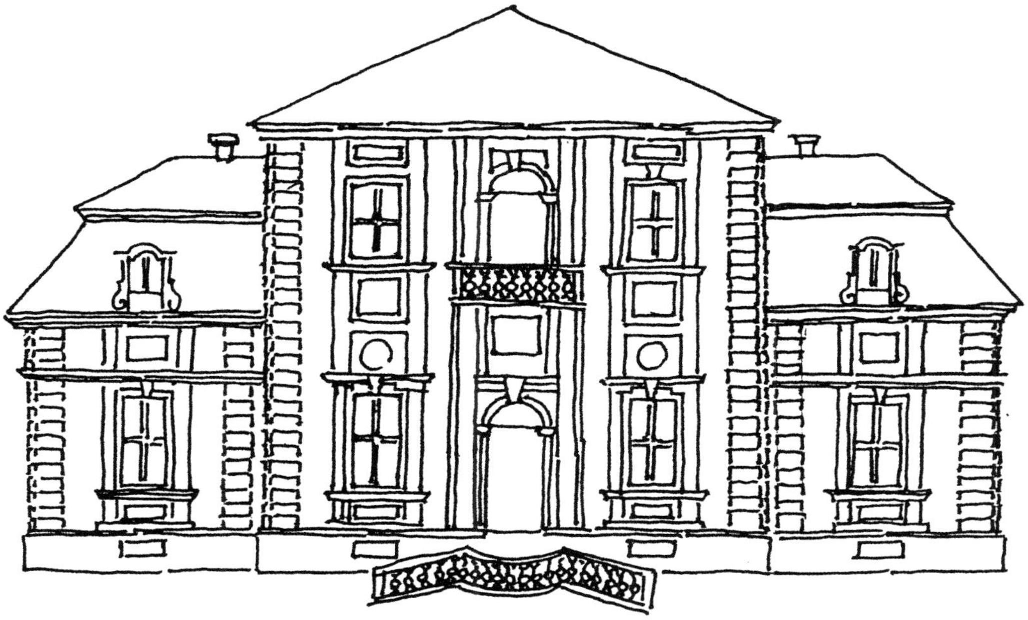

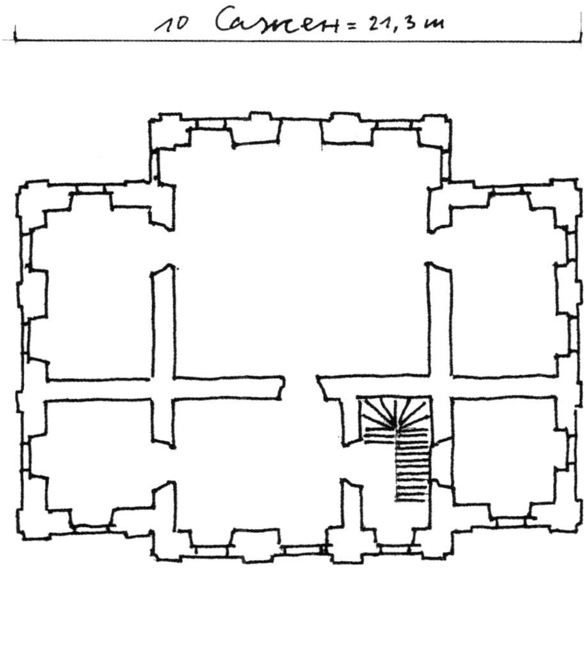
10 Сажен = 21,3 m

Die deutlichste Figur im Stadtplan von Petersburg S. 245 ist die Patte d'Oie von Newski-Prospekt, Wosnesenskij- (Majorow-) Prospekt und Gorochowaja- (Dsershinski-) Straße. Die eingeklammerten Namen aus der Zeit, als die Stadt Leningrad hieß.

Als Schlüter 1713 nach Petersburg kam, war der Newski–Prospekt seit dem Vorjahr schon in Anlage begriffen. Der Newski-Prospekt fluchtet auf den Torturm der Admiralität, die 1704 als Werft gegründet ist. Der Winterpalast ist jünger bzw. befand sich noch in Besitz einer Adelsfamilie, kam daher als Zielpunkt nicht infrage. 1719 befahl der Zar, das Gegenstück des Newski-Prospektes anzulegen, das nach Peterhof führt (der Wosnesenskij-Prospekt). Die Mittelachse der Admiralität (die Gorochowaja-Straße) ist weniger bedeutend gewesen, sie heißt nicht einmal Prospekt. Indessen lässt sie sich auf Plänen des 18. Jahrhunderts doch bis über die Fontanka hinaus verfolgen, soweit wie sie heute geht.

Als Entwerfer dieser Patte d'Oie käme zunächst in Frage der Ingenieur-Architekt Trezzini, der seit 1703 den Ausbau der Stadt leitete. Er ist aber an Stadtbaukunst mit symbolischem Sinn weniger interessiert gewesen, wie sein Plan für die Wassilewski-Insel von vor 1716 zeigt.

Der Zar wollte zunächst die Stadt dort ausbauen. In diesem Plan sind die drei Prospekte links der Newa aber schon in schwachen Linien angedeutet.

Schlüter muss derjenige gewesen sein, von dem die Ordnungsidee der Patte d'Oie in der Stadt ausgegangen ist, entsprechend seinem Plan für den Park auf dem Niederufer unter Schloss Peterhof (S. 225). Schlüter kannte die Patte d'Oie, die vom Berliner Schloss ausging, und er kannte vor allem das Vorbild aller dieser Dreistrahle, die Piazza del Popolo in Rom mit dem Obelisken, den Papst Sixtus V. 1589 hat aufstellen lassen, von wo die Via del Babuino, der Corso und die Via di Ripetta ausgehen. Der Verweis auf Versailles, den man überall findet, entbehrt gründlicher Kenntnis.

Lit.:

Wittram, Reinhart: Peter I. Göttingen 1964.
Mederskij. L.: Leningrad. Moskau 1958 (in russischer Sprache).
Egorov, I. A.: The Architectonical Planning of St. Petersburg. Athens/Ohio 1969.

Ich verwende hier auch eine Arbeit des damaligen Architekturstudenten Carlo Bergner von 1989 aus meinem Seminar an der Hochschule für bildende Künste Hamburg.

Stadtplan

Nachweis der Abbildungen von fremder Autorschaft

S. 4 *Rotes Zimmer*, Entwurf für die Decke. Schlüter (eigenhändig). 51 x 35 cm. Maßstab 1:16 2/3 (100:6 reziprok). Hannover, Wehrbereichsbibliothek.

S. 13 *Schmalseite des Schlosshofes*. Aus Broebes, J.B., Vues des Palais et Maisons de Plaisance d.S.M. le Roy de Prusse. 1733. Tf. 2a. 15,7 x 29,7 cm (Bild). Exemplar der SPSG. Mit dem Hofgrundriss collagiert.

S. 15 *Risalit an der Schmalseite des Schlosshofes*. Aus Gurlitt, C., Andreas Schlüter. 1891. Fig. 50. Die Signatur des Zeichners unleserlich, Lambert v. Hafen (?)

S. 20 *Blick hinauf zum ersten Stockwerkspodest im Risalit an der südlichen Schmalseite des Schlosshofs*. Menzel, A., Kupferstichkab. SMPK, unauffindbar. Foto Geschenk von Horst Drescher.

S. 21 *Acquisitionsmodell Schlüters*. Kupferstich, Schenk, Peter. Amsterdam. Aus Ladendorf, Andreas Schlüter. 1937.

S. 25 *Stadtfassade des Berliner Schlosses*. Stich. Aus der Serie der Präsentationszeichnungen. Schlüters, gez. und gest. von P. Decker. Maßstab des Originals 1:120. Exemplar der SPSG. Ausschnitt.

S. 29 *Varianten der Putzrücklage in den Krönungen der Nobelgeschossfenster*. York Stuhlemmer.

S. 31 oben: *Gartenfassade*. Wie 13, Tf. 4b Ausschnitt.
unten: *Gartenfassade*. Wie 25, Ausschnitt.

S. 34 *Elisabethsaal, Längswand und Grundriss*. 16,5 x 23,6 cm. Maßstab 1:83 1/3 (1:120 reziprok). Wie 13, Tf. 46.

S. 35 unten: *Türrahmen*. Christoph Pitzler. Reisertagebuch, Kriegsverlust. Foto-Negativ SPSG.

S. 41 links: *„Dessin vom S(e)l(igen). Neringen hinderlassen zu dem Münzthurm"*. Christoph Pitzler, Reisetagebuch. Wie 15, Fig. 47.
rechts: *Entwurf für den Münzturm*. Schlüter, A., 1702. Wie vor, Fig. 48.

S. 43 *Münzturm (I)* e.h. beschrifteter Stich aus dem Nachlass Eosanders in Dresden. Maßstab 1:200. Wie 21.

S. 45 *Münzturm (I) aus den ‚Linden'*. Collage, maßstäbl. konstruiert mit einer Vedute von C. F. Fechhelm von 1756, diese Exemplar der SPSG.

S. 47 *Münzturm, Zweiter Entwurf*. Andreas Majer nach dem von Schlüter nachgelassenen Modell. Wie 15, Fig. 49.

S. 51 *Münzturm (II)* wie 45.

S. 53 *Riss von dem Schloss Thurm* („Münzturm III"). Schlüter e.h. Geh. Staatsarchiv SPKB. Abb. aus Ladendorf, H., Der Baumstr. und Bildhauer A. Schlüter, 1935, Tf. 19.

S. 54 Berlin etwa von der (späteren) Weidendammbrücke her gesehen. Vedute aus *Der im Auftrag und auf Kosten seines Kaysers reisende Chineser*. Exemplar der Landesbibl. Bln.

S. 57 *Der Schlosshof als Cour d'honneur*. Gez. von Morier, gest. von Bowles. Exemplar SPSG.

S. 58/59 *Der Schlosshof*. Wie 25.

S. 62/63 *Das große Rampenhaus von 1703*. Maßstab 1:83 1/3 (1:120 reziprok). Wie 25, aber gestochen von J. W. Heckhenauer

S. 71 *Rampen-/Treppenhaus, „auf der Treppe"*. Christoph Pitzler, wie 35.

S. 75 *Rampen-/Treppenhaus*, Blick vom Antrittspodest der Treppe nach innen. Wie 15, Fig. 53.

S. 76 *Rampen-/Teppenhaus*, auf dem ersten Zwischenpodest der Treppe. Stich nach Gaertner. 13,8 x 10,8 cm. Exemplar Verf. Geschenk von Joachim Jacob.

S. 77 *Rampen-/Treppenhaus*, Blick vom ersten Zwischenpodest der Rampe. Menzel, A. 20,7 x 12,9 cm. Kupferstichkabinett SMPK, KAT 1503.

S. 80/81 *Schweizersaal*, Längswände. Zeichnung Erich Konter.

S. 85 *Berliner Schloss,* Nobel- und Erdgeschoss. Aus den Inventargrundrissen von 1933. SPSG.

S. 129 *Alte Kapelle*. Titel aus dem Katalog der kurf./kgl. Münzsammlung. Beger,L., Numismata Pontificum [...]. Zeichnung S. T. Gericke. Wie 15, Fig. 38.

S. 149 oben: *Zeughaus*, Entwurf Blondels. SPSG.
unten: *Kopfleiste aus dem Katalog der kurf./kgl. Antikensammlung*. Entwurf Schlüters. Beger, L., Thesaurus Brandenburgicus II, 1698. 8,7 x 17,1 cm (mit Rahmen). Exemplar der SPSG.

S. 151 *Gießhaus*. Staatsbibl. SPKB. Abb. aus Bujok, Elke und Fuchs, Peter R.: Das Gießhaus auf dem Friedrichswerder. In: Mitteilungen des Vereins für die Geschichte Berlins, 93/1997, Heft 4.

S. 153 *Gießhaus* von SW und von NW. Wie 53, Tf. 13.

S. 155 „Schöner Marstall". Wie 53, Tf. 14, 15.

S. 161 *Ansicht des Gesundbrunens von Freienwalde*. Beckmann, Histor. Beschreibung der Chur- und Mark Brandenburg I, 1751, Tf. 15. Staatsbibl. SPKB.

S. 162 oben: *Gesundbrunnen Freienwalde*, Kurprospekt. J. F. Schleuen von 1785. Wie 53, Tf. 38 b.
unten: *Planausschnitt aus v. d. Hagen*, Beschreibung der Stadt Freienwalde [...] 1784. Exemplar Staatsbibl. SPKB.

S. 165 oben: *Schloss Lietzenburg (Charlottenburg),* Entwurf Nerings. Hamburg, Kunstgewerbemuseum. Identifiziert u. z. Verf. gestellt von C. W. Schümann.
Mitte: *Umbau-Entwurf dazu*. 8,7 x 17,1 cm (mit Rahmen). Wie 149 unten.
unten: *Entwurf Grünbergs*. SPSG.

S. 166 *Schloss Lietzenburg (Charlottenburg)*, Aufriss der Hofseite u. Grundriss. Schlüter (eigenhändig). Ehem. Dresden, Landesbibliothek. (Nachlass Eosanders.) Kriegsverlust. Foto SPSG.

S. 167 *Gartenfassade*. Aus Toland, J., Relations des cours de Prusse et de Hanovre, traduites de l'anglais. 1706. Exemplar SPSG.

S. 168 *Alternativen für die Treppe*; noch die Untergebäude Nerings angedeutet. Aus einem Brief an Tessin. Stockholm, Nationalmuseum, Tessin-Sammlung.

S. 173 *Schloss Charlottenburg*, Schlüters Entwurf des Kuppelturm. Kupferstich. SPSG.

S. 177 *Grundrissentwurf für ein Lusthaus in Schwerin*, 1708, lavierte Federzeichnung. Christian Friedrich Gottlieb von dem Knesebeck. Nachzeichnung von Andreas Schlüters Entwurf. Aus: Kurtze Re marquen, Tafel 32. Schwerin, Staatliches Museum.

S. 181 Berlin, *Alte Post*. Stich. Gez. von F. Calau. 11 x 17 cm (Bild). Legat von Margarete Kühn an Verf.

S. 199 Berlin, *Villa Kamecke*, 1830. Aus Koller, H. A., Der Schlüterbau [...]. 1927.

S. 200 *Entwurf für die Gartenseite*. Schlüter eigenhändig. Nachlass Krüger (Mitarbeiter Knobelsdorffs). Plankammer SPSG.

S. 201/203 *Entwurf für die Gartenseite*. Aus Berliner Architekturwelt 7, 1905. Nachgedruckt in Der Baumeister V, 1907, dort Angabe: aufgenommen von Hobart G. Egremont u. Max Walter.

S. 207 Berlin, *Parochialkirche*. Entwürfe Grünbergs und Schlüters, Ausschnitte. Nachlass de Bodt, Landesbibliothek Dresden. Wie 53, Tf. 21 und 23.

S. 213 Berlin, *Nikolaikirche*, Grabmal Männlich. Wie 15, Fig. 24.

S. 221 Petersburg, *Sommergarten, Grotte*, Rückseite. Verf., Foto aus Ausstellung am Ort, Ausschnitt.

S. 222 *Sommergarten, Grotte*. Vorderseite, Schnitt und Grundriss. gez. von M. G. Semzow. 1727. Ermitage. Aus Kareewa/ Barinova, Grot w Letni Sad.

S. 225 Peterhof, *Lageplan*. Nach eigenem Foto aus der Ausstellung am Ort. (siehe S. 218 Woronichina).

S. 227 Peterhof. *Vogelschau*. Stich von Rostowzow, Mittelrisalit retuschiert von Hallström u. vom Verf. Abb. des originalen Stichs in Hallström, Der Baumeister A. S. in Petersburg. Konsthistorisk Tidskrift 3–4 Jg. XXX 1961.

S. 234 Petersburg, *Kunstkammer*, Querschnitt. Aus Conspectus aedium Imperialis Academiae Scientiarium Petropolitamae, 1741. Exemplar Niedersächs. Landesbibl. Göttingen.

S. 239 Petersburg, *Kunstkammer*, Ansicht der Bibliothek. Wie vor.

S. 245 Petersburg, *Stadtplan*, etwa 1900, Nachdruck. Ausschnitt. Im Handel.

Kürzel SPSG Stiftung Preußische Schlösser und Gärten
SMPK Staatliche Museen Preußischer Kulturbesitz

Le Michel–Ange du Nord

Das Wort kommt aus dem Kreis des Kronprinzen Friedrich (II.) in Neuruppin und Rheinsberg, wo man sich über Philosophie, Literatur und Kunst unterhielt, und von wo die hiesige Kunstliteratur ausgegangen ist (zuerst m.W. bei Abraham d'Humbert 1747). Die Runde hatte sicherlich das Pathos, den Ernst des Meisters des Reiterdenkmals und der Sterbenden Krieger im Sinn. Der Vergleich meinte aber auch den Bildhauer-Architekten.

Architektur ist abstrakte Kunst. Die Miene, die eine Fassade macht, ist nicht so einfach zu erkennen wie die eines Porträts. Ich will mich hier gar nicht in Interpretation versuchen. Nüchterne Baugeschichte aber kann immerhin künstlerische Entschlusskraft aufzeigen.

Michelangelo hat als alter Mann Papst Paul III. mit seinem Modell der Kuppel für die Peterskirche überzeugt. Einmal Peterskirchen-Baumeister, hat er, vermutlich ohne besonders darauf aufmerksam zu machen, die Umgänge von Querhaus und Chor abgebrochen, Bauten, die Raffael entworfen und die Antonio di Sangallo d. J. ausgeführt hatte. Gesehen hat Michelangelo von seiner Kuppel gerade mal den Tambour, die Kuppel selbst nicht mehr.

Als Michelangelo nach Antonios Tod den Palazzo Farnese in die Hand kriegte, weil sein Vorschlag für das Traufgesims gefiel, hat er Antonios Portalarchitektur knapp über dem 1. Obergeschoss glatt abgeschnitten und den riesigen Wappenschild darübergehängt. Antonios vielformig rhythmisierte Mezzaninbefensterung hat er überhaupt kassiert. Mit ein paar harten Griffen hat er aus einer vor lauter Kunstfertigkeit schwächlichen Fassade die stärkste Palastfassade Roms gemacht.

Kraft und Gewissheit seiner Entschlüsse zog der alte Michelangelo aus seinem Florenz: in der Kuppel steckt, auch konstruktiv, die Florentiner Domkuppel, in der Fassade des Palazzo Farnese die Stirne des Palazzo Strozzi.

Schlüter, der Michel–Ange du Nord, hat sofort als er 1698 mit seinem Modell für das Berliner Schloss den Bauherrn gewonnen hatte, Stadt- und Gartenportal seines Vorgängers Nikodemus Tessin d. J. ausbrechen lassen. Tessins Portale waren zu je dreizweihalben Achsen systematisiert, Schlüters zu glatten dreien. Die Decken wurden abgefangen. Hinter dem Gerüst war der Abbruch nicht zu sehen. Ebenso verfuhr Schlüter mit dem Saalpavillon von Schloss Lietzenburg (seit 1705 Charlottenburg). Nerings Saal hatte einen Grundriss aus gestelzten Halbkreisen, außen dreizweihalbe Achsen und drei Fenster. Schlüters Saal wurde ein Oval mit 5 Fenstern. In Berlin hatten die Säle hinter den Portalen kräftigere Fensterpfeiler bekommen, hatten ein wenig an Fläche verloren; in Charlottenburg gewann der Saalpavillon etwa ein Zehntel in der Länge: Schlüter hat diese Eingriffe aus allein ästhetischen Gründen gewagt.

Auf der Höhe seines Ansehens beim König hat Schlüter 1703 den inneren Schlosshof umgestaltet. Anlass war der Bau des Rampen-/Treppenhauses am Spreeflügel. Tessin hatte 1697 am Spreeflügel gar keinen Aufgang vorgesehen, nur hinter Stadt- wie Gartenportal je einen Treppenkasten mit Doppeltreppe. Er hatte sich dazu von den Eckrisaliten der Louvre-Ostfassade anregen lassen. Schlüter hatte für den Einzug des neuen Königs 1701 Paare von freistehenden Säulen mit Figuren darauf vor Tessins Treppenkästen gestellt, hatte die architektonische Lautstärke, wenn ich so sagen darf, auf Römische Kirchenfassade aufgedreht.

Zwischen seinen Treppenkästen vor Stadt- und Gartenflügel hatte Tessin eine Hofkolonnade aus Halbsäulen, die er zum Teil schon vorfand, um- und weitergebaut, auch die kolossale Halbsäulen-Gliederung um die Treppenkästen herumgezogen. Schlüter hatte diese Hofgalerie zum Einzug des Königs soweit fertigbauen müssen, dass sie am Spreeflügel von dem einen von Tessins Treppenkästen bis zum anderen reichte und so eine Empfangsgebärde machte. Die zeremonielle Zufahrt führte nämlich aus dem Vorhof gegen den Spreeflügel.

Nun sollte also der Spreeflügel auch einen Aufgang erhalten, der natürlich größer werden musste als die beiden Treppenhäuser Tessins. Bei der Gelegenheit hat Schlüter von der Hofgalerie, die er selber eben fertiggebaut hatte, die kolossalen Halbsäulen vor den neuen Aufgang „umgesetzt", d.h. die aus Ziegeln gemauerten Schäfte wegbrechen lassen, nur die sandsteinernen Basen und Kapitelle wirklich umgesetzt. Von der Galerie blieben zwei Stockwerke Bögen übrig; das untere Stockwerk ließ Schlüter ganz wegbrechen und gerade Balken statt der Bögen einsetzen. Da musste vieles mit eisernen Trägern und Ankern festgehalten werden. An den oberen Bögen ließ er nachstemmen. Alles musste genau seinen Vorstellungen entsprechen.

Schlüters nächster Umbau betraf seinen eigenen großen Aufgang in den Spreeflügel. Er hat da eine riesige Rampen-Anlage angefangen. Als der König, der viel auf Reisen war, dessen gewahr wurde, wünschte er aber Rampe und Treppe nebeneinander, wie er es früher gehabt hatte. Statt der großartigen „dreiläufigen" Rampe baute Schlüter nun eine Wendelrampe und eine Wendeltreppe einander gegenüber in die Halle ein; dazwischen ließ er einen steilen Schacht. Die beiden Spindeln bestanden teils aus dünnen Mauern, teils aus überputztem Holzpaneel. Ungefähr wie Rabitzwände des vorigen Jahrhunderts oder Gipsplattenwände heute. Was an räumlicher Größe verloren ging, ersetzte Schlüter der Bildhauer durch hochdramatische Plastik. Oben schmetterte Juppiter Blitze auf die Giganten, Minerva stürzte eigenhändig die Lapithen in die Tiefe; in halber Höhe waren Giganten zwischen Treppenlauf und Sims eingeklemmt; unten mussten Atlanten die Treppenläufe tragen. Schlüter hat in diesen unfreiwilligen Umbau fast alle technische Substanz seines großen Rampenhauses hinübergerettet, und doch einen völlig anderen, ganz neuen Raum komponiert, nicht etwa einen Kompromiss gesucht.

Schlüters größter Entschluss ist sein schwerster gewesen. Er sollte einen Schlossturm, den ‚Münzturm', ausbauen (der Turm stand am Hof der Münze, daher der Name). Während des Baus – der Turm war schon fast 60 m hoch – stellte sich heraus, dass der Grund nicht trug. Schlüter als der glänzende Konstrukteur der er war, traute sich zu, den Turm zu halten. Er wusste dem König einen verstärkten Entwurf für den Turm anzudienen. Nach über vier Jahren erkannte er, dass er den Kampf um den Turm verloren hatte. Da ordnete er, ohne den König, der in Holland weilte, um Erlaubnis zu fragen, den Abbruch an. Das hat ihn die Leitung des Schlossbaus gekostet. Das Jahr darauf musste er überhaupt als Hofarchitekt ausscheiden. Immerhin hat er sein Leben als Architekt Zar Peters des Großen in einem wahren Schaffens-Rausch geendigt. Fertig gesehen hat er von diesen Entwürfen allerdings fast nichts.

Soviel Unglück hat Michelangelo Buonarotti nicht gehabt, und ist auch nicht schon in seinen Fünfzigern gestorben. Gleichwohl, der Vergleich ist noch besser als die Rheinsberger Runde gewusst hat.

Praedilectio Auctoris. Lyrisches zu Schlüter.

Die Liebe des Schreibers zu seinem Gegenstand, das wäre in meinem Fall z.B. die Voreingenommenheit für Schlüter, oder für das Berliner Schloss, anderer Lieblingsthemen nicht zu gedenken. Was das Schloss betrifft, hat so ein Schreiberling mir unbesehen unterstellt, ich wäre für den Wiederaufbau, selbstverständlich, nicht wahr? Dass ich da etwas differenziertere Vorstellungen hatte, die auch veröffentlicht waren, war diesem Schreiber entgangen. Es lohnt nicht, das zu verfolgen. Die Praedilectio für das Schloss könnte aber etwa sich in Überschätzung der baugeschichtlichen Bedeutung oder der künstlerischen Qualität äußern. Da muss der Autor in der Tat vorsichtig sein; er wird gut tun, dafür beizuziehen, was Autoritäten gesagt haben. Eine andere Gefahr wäre, seinem Helden Werke falsch zuzuschreiben, was dem Autor auch schon mal passiert ist, glücklicherweise nicht mit Schlüter. Umfassend tätige große Künstler werden leicht zu Vertretern ihrer Epoche.

Solche Äußerlichkeiten sind es aber nicht, weshalb ich über die Praedilectio Auctoris nachdenken will. Nein. Sondern: Bewundere ich meine Helden? Sind sie mir überhaupt sympathisch? Zwei ganz verschiedene Fragen.

Bewunderung ist in mancher Hinsicht selbstverständlich. Wer große Werke hinterlassen, großen Einfluss erlangt hat, muss schon bewunderungswürdige Kräfte, Einsicht in Verhältnisse, Geschick im Umgang, Sinn für Bedürfnisse gehabt haben. Wenn man sich in die Werke vertieft, wird man gewahr werden, wie gut sie gemacht sind, wird die eben aufgezählten persönlichen Fähigkeiten darin wiederfinden, obendrein noch umfassende Kenntnis der Vorgänger im Fach. Das sind auch die Gründe dafür, dass sich die Beschäftigung lohnt. In meinem Fall sind es konstruktive Leistungen; andere mögen aus entsprechenden Gründen destruktive Helden wählen. Mit einem Wort, über unbedeutende Leute und Gegenstände wird man nicht arbeiten.

Ist mir Schlüter aber sympathisch? Mag ich seine Werke? Finde ich sie schön? Liegt Schlüter mir? Zwei Selbstverständlichkeiten vorweg. Zum einen werden sich Gesichtskreis und Neigungen von zwei Menschen niemals ganz decken. Zweitens wird ein großer Künstler von umfassenderem Geiste sein, als ein durchschnittlicher Bürger für sich beanspruchen darf.

Unter diesen Einschränkungen berichte ich, dass ich den Oberen Ovalen Saal in Charlottenburg wirklich schön finde. Man ist da umschlossen und beruhigt, und hat doch freien Ausblick; der Raum hat königlichen Anstand und ist doch leicht; schon Rokoko-Stimmung. Auch die Charlottenburger Hofflügel haben mir immer gefallen; sie sind gegen das Corps de Logis zierlich und geschmeidig. – Ich liebe auch das Gartenportal am Berliner Schloss, kraftvoll und doch zart, hochelegant und doch ernsthaft. – In dem Schlüter–Film aus den 1930er/40er Jahren habe ich gesehen, dass das Stadtportal am Berliner Schloss nichts Dröhnendes hatte, wie man doch angesichts der Breitwinkelfotos befürchten könnte. Sehr groß, aber knapp und schlank – ohne den Film hätte ich das nicht verstanden. Dagegen die ungeheure Drastik der Ecktürme dieser Fassade hat mich nie geängstet. Schlüter hat auch da das Maß eingehalten. Die Säulen in den Fenstern, die so groß scheinen wie die in den Fenstern des Portals, sind in Wahrheit viel kleiner.

Die Rücklagen der Außenfassaden entsprechen mit den zurücktretenden Wandspiegeln an der Gartenseite einigermaßen den Pilastern des Portalrisalites; das wirkt locker. An der Stadtseite aber gehen die großen Portalsäulen über Mittel- und Obergeschoss; die Spiegel, durch die Brüstung zwischen den Geschossen geteilt, können hier den Portalsäulen nicht entsprechen. Dafür läuft ebendie Brüstung hinter den Portalsäulen durch – ganz anders als am Garten, strenger und doch auch elegant. – In der Stadtfassade erscheint das Portalgebälk allerdings im Aufriss gegen dasjenige der Rücklagen zu schwer, weil seine Unterkante tiefer liegt. Der Vorplatz war aber so eng, dass der Vorsprung des Risalites die Höhendifferenz der Unterkanten in der Perspektive genau ausglich. – Die Fensterrahmungen der Außenfassaden sind wunderbar modelliert; die fehlende graphische Logik hat mich nie gestört.

Vom Schlosshof Schlüters habe ich keine Filmsequenz gesehen, erinnere mich jedenfalls nicht daran. Da ist mir ästhetisches Ungenügen verblieben. Die Seitenrisalite habe ich immer geliebt, lange ehe ich herausgefunden hatte, dass die Eckkröpfungen von Tessin/Grünberg ungeschickt sind und rührend bemüht, und dass Schlüter mit den freistehenden Paaren von Kolossalsäulen, der Freistellung der Kolonetten im Eingang und im Bogenfenster oben, mit der flüssigen Rahmung der Nebentüren, mit dem glänzenden Detail der Bogenfenster–Verdachung den Risaliten beträchtliche Eleganz hinzugefügt hat. Den geschweiften Verdachungen der Nebentüren fehlen Verkröpfung und die oben aufgeplante Büste; so wirken sie flau. Bei alledem sind die Seitenrisalite würdevoll und still geblieben. Schlüters Großen Risalit aber habe ich nie gemocht. Die Kröpfungen sind perfekt, im unteren Kolossalgeschoss sogar grandios, alles aber von großer Kälte des Kalküls. Dass so gar keine ruhige Fläche übriggelassen ist vor lauter Gerüst- oder Gliederhaftigkeit! Die Schmalseitenrisalite hatten in den Nebenachsen doch noch Reste von Wand. Die Hofloggia wird an den Seitenrisaliten von deren Nebenachsen klar unterbrochen. Am Großen Risalit laufen ihre Formen durch. Immer hat mich gestört, dass die Interkolumnien der Loggia und besonders ihre Bögen im Risalit enger, schmaler werden, gleichsam zusammengequetscht. Da täuschen wohl wieder die Breitwinkelaufnahmen; in realer Perspektive hat niemand das so gesehen. Mittlerweile ist mir deutlich, es ist vor allem die konsequente Gerüsthaftigkeit, die ich nicht mag, auch bei der Hofloggia selbst in ihrer gelasseneren Proportion. Ich habe an die hölzernen Festtribünen der Zeit, deren Bild die Hofloggia in Stein darstellt, gedacht, und an die Theaterlogen, die von Schlüters Hofloggien abstammen – gleichviel, mein Unbehagen ist geblieben. Diese Gerüsthaftigkeit war übrigens Zeittendenz. Knobelsdorff hat in Rom gerade die Fassade von S. Giovanni in Laterano gezeichnet, von 1735, die mich wegen ebender Skeletthaftigkeit frösteln macht.

Ich folge jetzt möglichst meinem Verzeichnis. Der Umbau von Tessins Treppenhäuptern vor Ritter- und Elisabethsaal scheint mir räumlich sehr gelungen, besser als Tessins Fassung, die eng gewirkt haben dürfte. Im Mittelstock mögen Schlüters freigestellte Säulen das Podest kaum erweitert haben; sie weisen aber deutlicher auf das, was oben vor Elisabeth- und Rittersaal kommt. Im Erdgeschoss waren die Vestibüle Grünbergs hölzern gegen Schlüters Schwung. Im Stadtvestibül geht Schlüter mit den riesigen Eckpostamenten an die Grenze dessen, was der Raum aushält. Das war aber kein Aufenthaltsraum; in einem solchen wären die Postamente unerträglich. Die Gartenhalle bot beiderseits des mittleren Durchgangs denn auch der Ruhe einen Hafen. Schlüter hat sogar die Innenfenster zur Treppe hin geschlossen, den Raum klarer zum Garten ausgerichtet. Er war nicht fixiert auf Gerüsthaftigkeit, was mir natürlich zusagt.

Der Münzturm-Entwurf von 1702 fällt durch die großartige Entschlossenheit auf, mit der auf den schweren Klotz des Schaftes die leichten offenen Säulenstockwerke gesetzt sind. Der Eindruck ist ein wenig chinois wie beim Gartenportal, ein Hauch von Rokoko bei allem Ernst. Wunderbar irrational kehrt das Relief der Brunnenanlage am Fuß oben plastisch als Turmspitze wieder, köstlich. Wie der Turm aber Lustgarten und Linden dominiert, das ist denn doch die Faust des großen Architekten. Der zweite Turmentwurf wirkt dann sowohl schwülstig wie befangen, kein Wunder bei Schlüters Notlage. Der sogenannte dritte Münzturm-Entwurf (kein ‚Münz'-Turm mehr) verschlägt einem wieder die Sprache durch die absolute Entschlossenheit und Meisterschaft.

Das Große Rampenhaus von 1703 hätte einen sowohl kräftigen wie noblen Eindruck gemacht. Man wäre aus der festen plastischen Begleitung im Erdgeschoss in die freie Weite des Obergeschosses, dann wieder in schmaler, äußerst hoher Galerie vor den Schweizersaal gelangt. Dessen Fassung von 1703 war im Verhältnis zu seinem Zweck als Wachensaal recht vornehm. Der Umbau des Rampenhauses zum kombinierten Rampen- und Treppenhaus hat Schlüter zu großer Aufdringlichkeit genötigt, um die räumliche Schwäche auszugleichen. Die Schau-Architektur im Fond war wirklich großartig und hat in Balthasar Neumann einen verständigen Nachahmer gefunden (Brühl). Die erste Podestdecke war eine von Schlüters schönsten Decken, der nachgerüstete Schweizersaal immer noch ein schöner würdiger Raum.

Die Salons stellten das gravitätische Extrem von Schlüters Repertoire und Erfindungskraft dar, aber doch wieder in Abstufungen: diejenigen der Königin waren etwas weniger streng und schwer, die des Kronprinzen nicht ganz so prunkend. Leider habe ich die Zimmer nicht erlebt, will von der Raumwirkung nichts sagen. Die Einzelheiten kann man nach den Fotos besser beurteilen, ich finde sie fast immer ansprechend. Zur Ersparung von Platz und Lesezeit (auch von Schreibzeit) ist es klüger, ich nenne die Ausnahmen. Seine erste Supraporte, in der Drap d'Or-Kammer, lässt Schlüters gewöhnliche kompositionelle Überlegenheit noch vermissen, zuviel Kraut. Im Rittersaal machen mich die Rahmungen und Türblätter der Enfiladetüren und die Kamine frösteln. Ich habe den Verdacht, dass die Letzteren, ehemals Stuck, gegen 1850 in Marmor übertragen, rationalistische Korrekturen erlitten haben. Gewiss ist dies für die Kaminkompositionen in beiden anstoßenden Zimmern.

Ich muss doch wieder ins Rühmen fallen. Die Aufmachung des Rittersaales im ganzen habe ich erst verstanden, als im Schlüter-Film der erste Komparse eintrat. Der Saal sollte eine möglichst kleine Hofgesellschaft mit möglichst großem Prunk umrahmen, Politik im Sinne des Absolutismus. Der neugestiftete Schwarze-Adler-Orden sollte die erblichen ständischen Privilegien in Schatten stellen. – In den anstoßenden beiden Zimmern habe ich die Pilasterstellungen immer als hochvornehm empfunden; die Kompositkapitelle sind dezent und schön. Die blanken Pilaster mochten dem Rittersaal nebenan im Glanz konkurrieren; neuerdings hat sich aber ergeben, dass diese Pilaster in Bildteppiche eingeschlagen gewesen sind. – Auffällig schön, geradezu herrlich (dies Adjektiv fand meine Kollegin Liselotte Wiesinger für diesen Gegenstand zu hoch) sind mir die Schränke im Elfenbein-Kabinett, die dort immerhin als Wandtäfelung fungieren (ich bin fähig, auch Wandtäfelungen herrlich zu finden). Die Schränke im Elfenbeinkabinett sind fein und grandios zugleich, ich kann mir nicht helfen, der ganze Schlüter.

Von den Plänen und Bauten in der Residenz zeigt schon das riesige Wappen, das Schlüter in die Mitte der Zeughausfassade setzen wollte, seine Großzügigkeit und Konzentration. Man fühlt sich erinnert an Michelangelos Eingriff in die Fassade des Palazzo Farnese in Rom. – Am Gießhaus sieht man Schlüter sich der üblichen Formen für schwerste Aufgaben mit Meisterschaft bedienen. – Den Marstall-Entwurf habe ich nie gemocht, die Eckpavillons finde ich schwülstig und unfrei, mögen sie immerhin Schule gemacht haben. – Hinreißend die wahrhaft königliche Ausstattung des Saales im Potsdamer Stadtschloss. – An der Alten Post hat mir immer die kreuzweise Anordnung der Wandspiegel missfallen. Schlüter aber hat sie ein Jahrzehnt später am Schloss Peterhof wiederholt. Baukörper und Fassadenrelief der Alten Post aber, wie sie dem Schloss gegenüber leicht und heiter entsprechen, ohne sich vergleichen zu wollen, das ist große Kunst.

In Petersburg habe ich mich in den Mittelpavillon von Monplaisir sofort verliebt. Zugleich holländisch und chinois, zugleich frei vortretend gegen die See und bergend unter seinem vierfachen Mansarddach – ich habe nie höhere Meisterschaft gesehn. Und das fast ohne schmückendes Detail. Die Dachgaupen – wieviel Wirkung mit so wenig Form, es ist unerhört. – Peterhof. Dass Kaskade und Kanal alle Um- und Ausbauten des Schlosses unverändert überstanden haben, zeugt für die Richtigkeit von Schlüters grandiosem Plan. Denkt man sich das erste Schloss, das ein Geschoss niedriger gewesen ist, dazu, wachsen Kaskade und Kanal noch perspektivisch und psychologisch ins Ungeheure. – Die Kunstkammer, postum nach Schlüters Modell gebaut, reckt ihren Turm mit großartiger Gebärde in die Höhe, in Stufen von einer Selbstverständlichkeit und Sicherheit der Form und Proportion, dass man völlig vergisst, wieviel Kunst darin steckt. Die Endpavillons sind hier einfach richtig, unangestrengt (besser als am Marstall-Entwurf), die Rücklagen wunderbar großzügig. Im Maßstab des klassizistischen Petersburg wirkt die Kunstkammer geradezu zierlich, was wohl kaum Absicht von Bauherr und Architekt gewesen ist. Auch wenn wir gegen anschreiben – Saturn frisst seine Kinder.

Andrew Alberts

Schlüters Großes Rampenhaus von 1703 im Berliner Schloss

Modellfotografien

Im Jahr 1703 hat Schlüter im Berliner Schloss ein Großes Rampenhaus angefangen und zugleich in Längs- und Querschnitt veröffentlicht. Dieser Entwurf dürfte die großen Aufgangsanlagen des deutschen Spätbarock angeregt, gewissermaßen eingeleitet haben. Deswegen schien es angebracht, das Rampenhaus an einem Modell zu studieren und mittels Modells darzustellen. Die Forschung hatte den Entwurf übersehen; die Kupfer sind wegen allerhand barocker Eigenheiten der Zeichnung für heutige nicht leicht verständlich – Balthasar Neumann konnte solche Darstellungen lesen.

Schlüters Rampenhaus von 1703 in seinem Zusammenhang findet der Leser S. 56 und S. 60 erläutert.

Schlüter hat sein Großes Rampenhaus schon 1704 zu dem kombinierten Rampen- und Treppenhaus umbauen müssen. Das kombinierte Rampen– und Treppenhaus von 1704 hat bis 1951 bestanden und ist aus Fotos und einem im Stich verbreiteten Gemälde hinreichend bekannt. Durch den Umbau hatte die Anlage allerdings die allgemeine Vorbildlichkeit eingebüßt, die dem Entwurf des Rampenhauses von 1703 eignete.

Hier soll die Fassung von 1703 dargestellt werden. Die Fotos nach dem Modell sollen eine Vorstellung der Raum-Komposition von Schlüters Großem Rampenhaus geben.

Das Modell ist an Wänden und Decken aus Pappel-Tischlerplatte, sonst aus massiver Kiefer und Fichte, die großen Säulen sind aus Erle, die kleinen Säulen aus Linde, flache Auflagen und Kapitellblätter aus Steinpappe gemacht. Maßstab ist 1 : 33 1/3.

Das Modell ist 2009 und 2010 vom Verf. angefertigt worden.

Die figürliche Plastik hat Fritz Becker, Berlin, dazugegeben.

Die Fotos hat Andrew Alberts, Berlin, 2011/12 aufgenommen und bearbeitet.

Die Fassade des Rampenhauses, soweit sie mit dem Inneren kommuniziert. Die Balustrade und die Eck-Kröpfungen zu je 1 ½ Säulen und Pilastern sind weggelassen.

Vor dem Eingang

Eintritt ins Erdgeschoss der Rampenhalle

Rückblick zum Eingang

Die Rampenhalle, Erdgeschoss

Die Galerie an der Hofseite mit den letzten Erdgeschoss-Läufen

Auf dem Stockwerkspodest über dem Eingang

Antritt der Rampe im Obergeschoss

Auf dem ersten Obergeschoss-Lauf

Rampenhalle, Obergeschoss

Die Galerie an der Hofseite mit den obersten Läufen

Auf dem oberen Stockwerkspodest vor dem Schweizersaal

Schweizersaal, Rückwand

Schweizersaal, Fensterwand

Schweizersaal

Nächste Seiten:
Schnitte durch die Aufgangs-Anlage 1703 und 1704 f.

Das Modell ist in der Mitte durchgeschnitten. Links sieht man in die Hälfte von Schlüters Rampenhaus von 1703, rechts in das kombinierte Rampen-/Treppenhaus von 1704 zu dessen Hälfte mit der Treppe.

Schlüter musste für den Umbau die mittleren Läufe aufgeben. Er hat für den Umbau einen ganz neuen Raum entworfen (vgl. S. 60 und S. 72) und ist architektonisch sehr laut geworden, um Konzentration auf die nun unvermeidlich leere Mitte zu erzwingen, hat dazu auch eine großplastische dramatische Szene eingesetzt (Jupiter und Minerva stürzen die Giganten und Lapithen). Dementsprechend hat Schlüter den Schweizersaal zu mehr Pathos aufgerüstet (vgl. S. 79), die Interpilastrien in Voll- und Halbgeschosse unterteilt, die Pilaster so zur Kolossalordnung erhoben.

Es folgen hier die Fotos des aufgeschnittenen Modells zum Vergleich der beiden Fassungen.

Für mehrere Aufnahmen musste das halbe Rampenhaus von 1703 gespiegelt werden. Digital gespiegelt sind die Aufnahmen S. 259, 260, 262 und 266, mit einem Glasspiegel aufgenommen die Fotos S. 263, 264, 268/269, 270, 272, 273 und 274.

Das Rampenhaus von 1703, geschnitten

Das Rampen-/Treppenhaus von 1704 f., Treppenseite, geschnitten